人大未来法治研究丛书

Renmin
Law and Technology
Institute
中国人民大学
未来法治研究院

鸣谢京东集团和京东公益基金会

智能时代的
知识产权法演进

张吉豫 著

The Evolution of
Intellectual Property Law
in the Intelligent Era

法律出版社 LAW PRESS · CHINA
北京

图书在版编目（CIP）数据

智能时代的知识产权法演进 / 张吉豫著. -- 北京 : 法律出版社, 2025. -- (人大未来法治研究丛书).

ISBN 978 - 7 - 5244 - 0202 - 2

Ⅰ. D923.404

中国国家版本馆 CIP 数据核字第 2025PE3679 号

智能时代的知识产权法演进
ZHINENG SHIDAI DE ZHISHI CHANQUANFA YANJIN

张吉豫 著

策划编辑 田亚飞
责任编辑 田亚飞
装帧设计 贾丹丹

出版发行 法律出版社
编辑统筹 法律出版社
责任校对 王晓萍
责任印制 胡晓雅
经　　销 新华书店

开本 710 毫米 × 1000 毫米　1/16
印张 12.75　　**字数** 196 千
版本 2025 年 4 月第 1 版
印次 2025 年 4 月第 1 次印刷
印刷 北京建宏印刷有限公司

地址:北京市丰台区莲花池西里 7 号(100073)
网址:www.lawpress.com.cn
投稿邮箱:info@lawpress.com.cn
举报盗版邮箱:jbwq@lawpress.com.cn

销售电话:010 - 83938349
客服电话:010 - 83938350
咨询电话:010 - 63939796

书号:ISBN 978 - 7 - 5244 - 0202 - 2　　**定价**:48.00 元

凡购买本社图书,如有印装错误,我社负责退换。电话:010 - 83938349

总序　建设面向未来的世界一流法学学科

未来已来!

进入21世纪第二个十年,人工智能、高端芯片、区块链、基因检测与基因编辑技术等突破了一系列重要的技术屏障,开始以我们从未预见的广度、深度和速度普及我们的生产和生活,整个人类都面临数千年未有之大变局!

已经到来的这个未来,令人印象深刻。人生而渴望自由,却无时无刻不身处网络中;人生而渴望平静的生活,却每分每秒都无处躲藏。人类有很多美好的想法,总想"鱼"和"熊掌"能够兼得,我们中国人就此还贡献了一个成语叫"两全其美"。但生活的现实残酷地告诉我们,"鱼"和"熊掌"不可兼得。我们在得到的同时,一定会失去些什么。如果我们想享受农业社会的田园风光,就一定会付出物资相对匮乏的代价;如果我们想享受工业社会丰富的产品,就一定会牺牲恬淡、自然和舒适的生活;那么如果我们想享受人工智能时代的便利,我们准备付出什么?如何能够让人类的获得最大化,让付出的代价在人类可接受的范围内,这可能就是未来法治要着重去思考的问题。

2017年9月8日,中国人民大学法学院集中优质资源,成立未来法治研究院,就是为了回应新一轮科技革命和产业变革给法治带来的机遇和挑战。未来法治研究院要成为促进法学学科与人工智能、互联网、大数据、云计算等现代科技及司法实践深度融合的重要载体,成为具有创新实力、在国际上拥有话语权、能够抢占国际学术制高点的重要战略创新力量，并力争具备在这些新兴学科领域与世界顶尖法学院平等对话和竞争的能力。目前，未来法治研究院已经会聚了一支具有法学、计算机科学、信息科学等跨学科背景，学缘结构多元，年龄优势明显，国际交往能力突出的学术团队。未来法治研究院自成立以来，立足中国问题，面向新一轮科技革命和产业变革所带来的挑战，已先后组织了多期未来法治读书会、具有较大影响力的学术研讨会和前沿讲座，正逐步起到学术引领作用。

未来法治是一个需要充分展现人类想象力的领域。如果说到现在为止，改革开放已经过去的四十多年，中国人向世界展现的主要是我们的学习能力，那么改革开放未来的四十多年，甚至更长的历史时段，中国人需要向世界展现的，应主要是我们的想象能力。面对人类还没有给出答案的问题，要给出适合我们的答案；来到人迹罕至的区域，要留下我们的脚印；我们要在还没有路的地方披荆斩棘，走出一条自己的路！

组织出版这套未来法治研究丛书，就是试图展现未来法治研究院年轻同事们的学术想象力。我一直相信，对于一个百年来不断从人类共同文明中汲取营养的民族，能够对解决相同的问题提出更好的方案，能够对没有答案的问题给出我们的回答，才是这个民族能够对人类共同文明作出的最好回馈。

让我们一起自信勇敢地面对未来！

王　轶

于明德法学楼

目　录

第一章　绪　论

认清时代特征，把握时代精神，体察时代潮流，推动时代进步，对于社会科学来说极其重要。如同社会科学各学科一样，科学的、严谨的法学研究亦应当立足当前时代、回答时代之问、反映时代所需、推动时代进步。那么，我们正处在一个什么时代，或者说，如何标识和表征我们所处在的21世纪？在学术界，学者们从不同维度、用不同的概念（词语）标识和表征时代，例如，“人类百年未有之大变革时代”“信息大爆炸时代”“技术经济时代”“信息时代”“生态复兴时代”“全球化时代”，等等。这些概念和判断都从某个侧面揭示了我们这个时代的特征。从知识产权法学和数字法学的视域，本书倾向于把我们所处的21世纪称为“智能时代”。

一、智能时代的鲜明特征

本书认为，智能时代的鲜明特征可以用“四化”来概括，即数字化、人工智能化、全球化、法治化。这“四化”均包含知识产权元素，也全面推动着知识产权法律和法学的演进发展。

（一）数字化——智能时代是数字化时代

数字化，即信息的存在和处理方式越来越趋向于数字形式，将许多复杂多样的信息转变为可以存储和计算的数字格式的数据，在计算机中建立起适当的数字化模型对数据进行分析处理，并通过数字技术重构传统工作模式或工作流程。这就是数字化的基本过程与现象。数字化时代是指人类社会进入以数字技术为核心、算力资源为运行基础、网络通信技术为连接支撑、数据资源为关键要素、算法和模型为重要运作规则的信息时代。

数字化时代具有与既往时代所不同的一系列鲜明特征：第一，数字技术的广泛应用。互联网、大数据、云计算、人工智能等技术的快速发展，改变了人们的生产、生活、工作以至生存方式，使信息传递更加迅速，数据处理能力得到大幅提升。第二，数据成为重要资源。在数字化时代，数据被视为新的生产资料，随着数据采集、加工和处理能力的迭代升级，数据资源对经济发展、民主政治、社会建设和治理、文化教育科技创新具有前所未有的重要作用。第三，产业结构的转型升级。传统产业通过数字化转型，实现生产效率的提高和业务模式的创新，新兴产业如互联网经济、共享经济、零工经济等迅速崛起。第四，消费模式的深刻变化。电子商务、移动支付、远程医疗等新模式的出现，极大地便利了人们的生活，也逐渐改变着人们的消费习惯和模式。第五，工作方式的转型变革。远程办公、视频会议、灵活就业、智能辅助等新型工作方式逐渐普及，人们的工作时间和空间更加灵活，对劳动者技能的要求也在悄然发生变化。第六，社会治理和环境治理的智治化创新。数字化技术应用于城乡社会治理、城市运行管理、公共安全维护、环境监督保护、城乡社会治理等领域，提高了社会和环境治理的精准性、高效能。第七，教育模式的转变。在线教育、混合式学习、人智互动等新型教育模式的发展，使教育资源更加丰富、被利用的效率更高，使学习方式更加个性化，推进人的全面而自由的发展。第八，文化创新和传播的多样化。数字技术促进了作品创造和文化传播的多样化，网络共创、网络文学、社交媒体、短视频、直播等新型文化形态层出不穷，打破了少数人对文化传播的垄断。

当然,数字化也对国家安全、社会稳定、公民权利等带来不可忽视的挑战。随着数字化程度的加深、数字技术的广泛运用,网络安全、数据安全、公民个人信息安全等问题日益凸显,成为社会关注的焦点和依法治理的关键问题。数字化在知识产权领域引发的问题出现最早也最为突出。这也构成研究智能时代知识产权理论创新、制度创新、执法司法创新的重要推动力。

(二)人工智能化——或者说人工智能泛在化

我们所说的智能时代,其本质规定和最显著的标志是人工智能技术的蓬勃发展和广泛应用。“人工智能是引领这一轮科技革命和产业变革的战略性技术,具有溢出带动性很强的‘头雁’效应……呈现出深度学习、跨界融合、人机协同、群智开放、自主操控等新特征,正在对经济发展、社会进步、国际政治经济格局等方面产生重大而深远的影响。”〔1〕

党和国家高度重视新一代人工智能发展。习近平总书记强调,“加快发展新一代人工智能是我们赢得全球科技竞争主动权的重要战略抓手,是推动我国科技跨越发展、产业优化升级、生产力整体跃升的重要战略资源”。〔2〕新时代以来,我国政府一直把发展人工智能作为重要议题。2015 年国务院出台的《关于积极推进“互联网 +”行动的指导意见》就将“人工智能”纳入重点任务。2017 年,国务院印发《新一代人工智能发展规划》,强调“牢牢把握人工智能发展新阶段国际竞争的战略主动,打造竞争新优势、开拓发展新空间,有效保障国家安全”。2021 年,在“十四五”规划和 2035 年远景目标纲要中更加明确提出“培育壮大人工智能、大数据、区块链、云计算、网络安全等新兴数字产业”。这

〔1〕 中共中央党史和文献研究院编:《习近平关于网络强国论述摘编》,中央文献出版社 2021 年版,第 119 页。

〔2〕 中共中央党史和文献研究院编:《习近平关于网络强国论述摘编》,中央文献出版社 2021 年版,第 120 页。

些文件中关于推进人工智能发展的方针政策明确了人工智能持续健康发展的方向和路径,为推进我国进入人工智能时代发挥了积极作用。当前,我国人工智能核心产业规模为近6000亿元;[1]知识管理、自动驾驶、语音交互等各种人工智能应用系统正向纵深演进。根据国家网信办发布的生成式人工智能服务备案信息公告,截至2024年12月31日,共有302款生成式人工智能服务在国家网信办完成备案。人工智能作为基础性、驱动性的技术力量,与制造、医疗、教育、交通、农业等各个领域进行深度融合,创造出新的产品、服务和商业模式,有效推动传统行业转型升级和社会经济结构变革。能够承载家居设备控制功能、家务助手功能、健康管理功能和安全监控功能等的人工智能产品已经开始“飞入寻常百姓家”。我们已经全面迈进人工智能时代。

如何建构智能时代的社会秩序是我们要回答的时代之问。人工智能技术发展将朝向“以人为本”“智元共生”的和谐生态和秩序迈进。“以人为本”是人工智能治理的终极关怀与首要理念,体现为从人类福祉、人类安全、人的尊严和权利、人的全面发展出发,充分尊重和保障人权,确保人工智能解决方案是以人为主体、人工智能的使用是以人为中心,发展人工智能归根结底是为全体人民提供优质的公共服务,确保人工智能技术成果平等普惠共享。“智元共生”指人类与人工智能通过双向赋能实现人机能力互补、和谐共生。其中,“智元”,指具备深度学习能力、一定程度的自主决策能力的智能单元,如人工智能体、智能机器人等。随着智能机器人的进一步发展和应用,人机共生将成为常态。这里的“共生”,是指人类与智能体、智能机器人之间通过数据共享、能力互补实现人机互动、人机和谐,或者是指人工智能体、智能机器人之间的协同共生。在“智元共生”中,必须始终保障人的主体地位,坚持人类意志

---

〔1〕 参见中国互联网络信息中心:《生成式人工智能应用发展报告(2024)》2024年11月,第3页。

优先,确保人类对于人工智能的控制能力。

人工智能不仅带来了拓展人类能力边界的可能性,也预示着新的生产生活方式和社会秩序的反思重构;人工智能发展不仅涉及科技伦理问题,也为知识产权制度带来了许多全新的发展与挑战。一方面,人工智能技术研发和运用促进了知识产权事业的体量增长。截至 2023 年年底,我国人工智能发明专利有效量达到 37.8 万件,是全球平均增速的 1.4 倍;[1] 深度求索(DeepSeek)、豆包、Kimi、通义千问、文心一言、讯飞星火等人工智能大模型产品和服务层出不穷;人工智能也正在赋能加速更多、更广泛领域的作品创作和发明创造的产生。另一方面,人工智能应用,特别是生成式人工智能产品和服务,也引起了许多涉及知识产权的法理探究和诉讼纠纷。微软的人工智能小冰出版了诗集。在一些著作权登记、专利申请中,人工智能 DABUS(device for the autonomous bootstrapping of unified sentience)被申请人主张为作者和发明人。尽管英国在 1988 年就颁布法律规定计算机生成内容的知识产权问题,但当下基于大模型的生成式人工智能的迅猛发展,才真正引起了知识产权界广泛的关于什么是创作、什么是独创性、什么是作品等诸多重要核心概念的理论反思,甚至引发了关于人工智能是否能够成为作者、发明人的讨论。我们如何为人工智能技术创新提供恰当的知识产权保护?人工智能生成内容能否构成著作权法保护的作品?谁有资格对生成内容主张权利?对侵权责任如何进行界定和分配?人工智能技术如何助力知识产权保护和许可交易?诸如此类,在人工智能的发展之中有大量问题值得我们反思和研究。

---

〔1〕 参见赵博:《我国人工智能发明专利有效量去年达到 37.8 万件》,载新华网 2024 年 7 月 30 日,https://www.xinhuanet.com/tech/20240730/087463db7cba4f5aa1beba538f313e59/c.html。

（三）全球化——数字时代是“新全球化”时代、“再全球化”时代

20世纪中叶以后，人类社会快速进入全球化时代。全球化有力地改变了人类的生产方式、生活样式、文化形态、思维方式，影响着人类社会的经济、政治、法律、文化、教育、科技的发展。进入21世纪之后，在互联网和数字科技的有力支撑和推动之下，全球化的速度得到急速提升。现在，人类的活动大多发生在全球层面。在这个全球社会交往互动的潮流中，或主动或被动，我们都是其中的一分子。用一个词语来形容这种现实，即“全球化”。“全球化”是社会科学领域最具普适性和共识性的概念，表征人类活动的范围和组织形式从地方到国家再到世界范围的扩大。全球化不等于经济的全球化，而是指人类社会经济、政治、文化、科技、环境、治理结构等方面的综合性发展趋势。

近年来，出现了一些“逆全球化”“反全球化”的思潮，产生了一些单边主义、保护主义、霸权主义现象。但我国始终坚持构建“人类命运共同体”的倡议和立场。尽管在一段时期和一些领域，全球化可能面对一些困难和阻碍，但全球化的历史潮流不可阻挡，全球化的发展趋向不会改变。特别是以互联网、大数据、云计算、区块链、人工智能等为代表的数字科技的蓬勃发展、广泛运用，已经引领人类社会发生着数字化变革和智能化变迁，数字科技的连接和融合作用推动着全球化的全方位、深层次的转型，形成了数字全球化的新态势。

以数字全球化为标志的新全球化、再全球化必然离不开知识产权及知识产权法律、法治和法学。例如，全球经济一体化和金融全球化强调资本、技术、商品、服务等经济要素的跨国流动和优化配置，以促进全球经济的迅速发展，但知识产权保护问题越来越成为国家之间，尤其是发达国家和发展中国家之间的贸易谈判、签订协议的关卡问题；并且伴随数字科技的发展，不断呈现出新的知识产权议题，在数据跨境流动和全球流动、互联网治理、人工智能治理、大模型规制等方面，知识产权都是

其中的焦点问题之一。跨国企业间涉及数字技术的知识产权诉讼层出不穷。同时,信息高速公路、国际互联网的兴建,一方面使信息无疆界流动成为可能,促进了全球信息的共享和交流,降低了交易费用,提高了效率;另一方面也引发了信息、数据使用的不对称、不平等问题。在全球文化传播方面,各国的文学艺术作品可以通过数字化的载体在全球范围内被更便利地传播,不仅使人们能够接触到并欣赏到不同国家的文化、丰富人们的精神生活,还促进了全球文化的多样性和包容性。但这种传播和交流存在大量著作权等知识产权保护问题。知识产权激励和保护创作,但也成为文化信息流动的限制因素。人工智能发展的差距则可能进一步加深数字鸿沟、文化多样性保护等问题,也带来了新型知识产权保护与社会福祉间的平衡问题。2024 年 7 月 1 日,第 78 届联合国大会协商一致通过中国主提的加强人工智能能力建设国际合作决议,140 多国参加决议联署,[1]体现了新全球化时代数字互助、合作共建的需求。2025 年 2 月在法国举办的人工智能行动峰会上,60 个国家和组织签署了《关于发展包容、可持续的人工智能造福人类与地球的声明》,声明中既宣布促成了促进可持续人工智能系统(硬件、基础设施、模型)投资的知识共享,也明确将知识产权列为需要进行全球反思的重点问题,需要进行包容性的多利益相关方对话和合作,以实现人工智能治理。可以看到,在智能时代的全球化秩序塑造中,无论是技术创新的普惠共享问题,还是新技术发展与全球的知识产权权利人的利益保护之间的矛盾解决问题,知识产权仍然是核心议题之一。

这些问题都是全球化时代特别是数字全球化时代所面临的疑难问题,对此,知识产权法学研究必须提供能够取得最佳平衡的智慧和方案。

---

〔1〕 参见《联大通过中国提出的加强人工智能能力建设国际合作决议》,载中华人民共和国中央人民政府网 2024 年 7 月 2 日,https://www.gov.cn/yaowen/liebiao/202407/content_6960524.htm。

（四）法治化——智能时代是法治化时代

无论是互联网，还是人工智能等，都不是“法外之地”。在智能时代，我们既不能让算法被随意“暗箱”操作，也不允许人工智能脱缰狂奔。数字科技自身发展迫切需要法治的引领、规范和保障，其能将智能时代建构成一个法治化时代。

根据我国著名法学家张文显、李林、黄文艺等的研究和概括，[1]笔者认为，法治化时代最鲜明的特征在于：法治成为国家和社会的核心价值，成为国家和社会治理的基本方式，成为支撑国家现代化的强大力量；法律规范科学完备统一，每一项立法都符合宪法精神、反映人民意愿、得到人民拥护，切实保证国家统一、法制统一、政令统一、市场统一，有力保障经济发展、政治清明、文化昌盛、社会公正、生态良好；全体人民尊重法治、信仰法治、坚守法治，尊法、学法、守法、用法、护法在全社会蔚然成风；宪法具有极大权威，法律具有普遍实效，任何组织和个人都自觉在宪法法律范围内活动；人权和公民权利得到切实尊重和保障，公权力受到有效制约和监督；国家在国际关系和全球治理中拥有公认的话语权和规则制定权。

世界各国已经纷纷关注人工智能的发展与安全问题，特别是认识到人工智能技术的发展和普及不仅会深刻改变人类生活和工作方式，同时也可能带来伦理挑战、隐私风险、经济秩序和社会安全等方面的许多问题，包括对知识产权制度的影响和挑战。为此，欧盟通过了《数字单一市场版权指令》（以下简称《版权指令》）、《人工智能法》等一系列立法。美国白宫颁布了一系列人工智能相关的行政命令。我国网信办等有关

〔1〕 参见张文显：《论中国式法治现代化新道路》，载《中国法学》2022年第1期；张文显：《法治现代化的“共同特征”和“中国特色”》，载《政治与法律》2024年第2期；李林：《中国式现代化赋予中国特色社会主义法治的新内涵、新任务、新要求》，载《现代法学》2025年第1期；黄文艺：《论习近平法治思想的“大法治观”》，载《法治研究》2023年第2期。

部门联合出台了《互联网信息服务算法推荐管理规定》《互联网信息服务深度合成管理规定》《生成式人工智能服务管理暂行办法》等部门规章;我国相关部门也发布了《新一代人工智能治理原则——发展负责任的人工智能》《新一代人工智能伦理规范》《全球人工智能治理倡议》《人工智能安全治理框架》等一系列文件,逐步调整和建构智能时代所必需的社会秩序。

在智能时代的数字治理中,知识产权法的发展也刻不容缓。最近这些年人们普遍关注智能时代数字科技研发和运用中的伦理问题、风险问题,但对于智能时代新型"创作"对社会思潮和社会文化的影响研究不足,对于新兴知识产权关注不够,法治建设都跟不上对新兴知识产权的确认和保护的迫切需要;对于智能时代日益复杂的、新形态的侵犯知识产权的问题应对不充分,也影响了知识产权法激励创新的制度功能的实效。

二、智能时代的科技创新与知识产权

上述关于智能时代特征的概括在总体上勾勒了这个时代的外部轮廓,而在知识产权法的视域下,关注焦点则突出地集中于其内在本质——创新,包括科学思想创新、技术创新、创作创造模式创新、经济组织形态创新、知识产权规则和制度创新、法律实施形态创新等环环相扣的全新实践。

人类社会正迈入一个充满创新与变革的智能时代。人工智能、大数据、云计算、物联网等前沿信息科技飞速发展,带来了新一轮产业革命,深刻地改变着人类社会的生产、生活和思维方式。我国政府制定了《新一代人工智能发展规划》,开启了"人工智能+"计划,加速推进人工智能发展及其与各行各业的有机融合。从智能手机让智能服务触手可及,到智能家居构建便捷生活场景,从智能交通优化出行体验,到智能医疗助力精准诊疗，人工智能已延伸至社会的每一个角落，推动着各行各业转型升级，重塑着各行各业的发展格局。

这是一场重要的技术变革。如果说过去的工业革命是让机器代替了人的大量体力劳动和一些能够明确具体过程的脑力劳动，当前的这次智能科技革命，正在让机器能够代替人的一部分“创造性思维”。这种从“肌肉替代”到“脑力增强”的范式转移，标志着人类首次在认知维度上与机器形成深度协同，其给人类生活带来的影响远超蒸汽机与电力革命给人类生活带来的影响的总和。刘春田教授在 2018 年就曾评价：今天人工智能开始挑战我们的头脑，它代替的不是体力，不是劳动，而是人的头脑，它要替代人的创造性思维。我们做法律研究的，要研究从代替行为到代替思维，这个关系发生了什么样的变化？法学、经济学等学科对此应该做出什么样的回应？这不是雕虫小技，这才是改天换地的发明，是对我们的生活，对我们的生命产生颠覆性影响的一种发明。

这也将是一场重要的经济组织形态变革。人工智能大模型正将成为新一代信息技术的新型基础设施，基于人工智能大模型的各种应用已日渐辐射到人们生产生活的方方面面。旧的商业模式、经济组织模式面临重大挑战，对新技术的发展或抗拒或拥抱；新的人工智能科技发展则对既有制度的束缚进行挣扎，希望对创新进行更充分的保护，希望对发展的约束通过法律解释进行解绑。正如之前互联网的来临时期，新旧经济模式之间呈现出张力和冲突，需要法律在发展变革时期谨慎对待、合理助推。

知识产权法的首要价值在于激励创新。激励创新的价值实现，核心在于保护权利人的合法权益，维护公平竞争的市场秩序。通过赋予创新者对其智力成果的一定时期的专有权利，使其能够有机会从创新活动中获得经济回报和社会认可，从而进一步激发其创新的积极性和主动性。在技术领域，专利制度为发明家和投资于创新的企业提供了法律保护，使他们的发明创造在一定期限内受到排他性权利的保护，他人未经许可不得实施其专利。在文学艺术领域，著作权保护则为作家、艺术家提供了经济收入，鼓励作家、艺术家创作更多优秀的作品。人工智能的创新发展，则使创新形态发生变化，包含算法、模型的发明创造的可专利性应当如何判断？人工智能生成内容是否能够获得著作权法或专利法的保护？等等。这些都为知识产权保护带来了新的问题。

知识产权的重要价值还在于促进知识传播和利用。在保护知识产权的同时，知识产权法也设置了合理使用、法定许可、强制许可等权利限制制度，在一定条件下允许他人在未经权利人单独许可的情况下使用知识产权，以促进知识的传播和共享。新的科技带来了对作品、信息的新的利用方式。人工智能大模型的训练需要大量作品，这些作品在何种条件下可以不经许可而被使用？人工智能生成侵权内容时的侵权责任如何分配？人工智能时代会带来怎样的知识传播机制和法律支撑需求？这些都需要知识产权制度予以回应。

具体而言，当前智能时代引发的典型知识产权问题包括以下几个方面：

第一，主体的模糊与扩张争论。在智能时代，人工智能的发展使知识产权主体的范围面临模糊与扩张的困境。人工智能在创作、发明等活动中展现出一定的能力，人类的创造性贡献较之从前有不同程度的减弱，人工智能生成的内容是否应被视为具有知识产权，进行了怎样贡献的自然人可以成为其权利主体，乃至人工智能本身能否成为知识产权主体，已成为学界和业界争论的一项焦点。例如，人工智能创作的诗歌、绘画、音乐作品，以及通过人工智能算法产生的发明创造，其背后的创作主体是否可以被认定为传统意义上的自然人或法人，对此仍有不同观点。有观点认为，人工智能虽然能够生成具有一定创新性的成果，但其缺乏人类的意识、情感和创造力，不应被赋予知识产权主体地位；而有观点则认为，从公众知情、责任控制等角度，应当将特定情况下的知识产权主体拟制为人工智能。

即使不考虑人工智能本身的主体地位问题，在实践中，权利主体认定也面临诸多挑战,权利归属面临复杂博弈。以人工智能创作的文学作品为例,作品中包含人工智能算法的运行成果,可能融入人类开发者的创意,也可能包含使用者的创造性的指导。不同主体在创作过程中发挥着不同的作用,如何准确判断各方在创作过程中的贡献,如何公平合理地确定各方的权益分配,成为司法实践中亟待解决的切实问题。在一些涉及人工智能的专利申请中,对发明人的认定也存在争议,难以简单确定人工智能的开发者、部署者、使用者在发明创造中的具体作用和贡献程度。

从法律原则来看,目前主要存在几种观点。一种观点主张强调从贡献度角度进行分配,按照传统的"谁创作,谁享有"的原则,将权利归属于对创作过程具有实质性贡献的主体,如在人工智能创作过程中,对算法进行设计和优化、对训练数据进行筛选和标注的开发者,或者对创作进行具体指导和创意输入的使用者。另一种观点则强调从经济激励和产业发展的角度出发,将权利赋予能够更好地利用和推广作品的主体,以促进人工智能创作成果的商业化应用。在实践中,不同国家和地区的法律规定和司法实践也存在差异,有待达成国际共识。

第二,客体的创新与界定难题。智能时代带来了知识产权客体的创新与丰富,同时也引发了客体界定上的难题。人工智能生成内容,如人工智能生成的文章、图像、视频等,其是否可以成为著作权法保护的对象成为争议的核心。通常认为,传统的著作权法预设了作品是人类的智力创作成果,而人工智能生成内容的创作过程不同于人类作品的创作过程,人们对人工智能生成的内容是否满足人类创作或独创性的要求存在争议。一些学者认为,人工智能生成内容缺乏人类的创造性思维和主观表达,不应被视为著作权保护的对象;然而,也有学者认为,部分人工智能生成内容在表现形式和创新程度上与人类创作的作品并无明显差异,或实际上体现了人类创作,应当对其给予著作权保护。

在专利领域,智能技术的创新成果,如算法、大数据模型等,其可专利性也面临挑战。涉及人工智能算法的发明创造在何种条件下可以受到专利法的保护,创造性如何审查,充分公开要求如何具体化,关乎产业创新发展,也是国家知识产权局在《专利审查指南》修改工作中的重点关注内容。此外,数据作为智能时代的重要资产,其是否应被作为独立的知识产权客体进行保护,以及如何保护,也引发了广泛的讨论。

第三,权利行使面临挑战和机遇。智能时代知识产权权利行使面临全新的挑战。随着智能技术的发展,知识产权的传播和利用方式发生了巨大变化。例如,智能推荐算法可以大量地向用户推荐作品,生成式人工智能也可能动态性地产生侵权内容,等等。这使权利人对作品的控制难度加大,如何有效地行使权利,又不会不恰当地阻止技术的创新发展,成为知识产权制度面临的重要问题。同时,对于智能时代的许多技术创新都发生在"软件层面",如何发现侵权、证明侵权也需要进一步研究。侵权责任的合理界定与分配,也将深刻影响知识产权的保护和人工智能技术的创新发展,其中技术发展的动态性也增加了判断合理注意义务的难度。但智能技术的发展也为权利保护和权利人的收益提供了新的机遇,可以在数字空间中使用区块链、智能合约、智能识别和过滤等技术措施来探索智能时代的权利保护机制。

第四,保护期限的适应性调整。智能时代的快速发展对知识产权保护期限提出了适应性调整的要求。传统的知识产权保护期限是基于当时的科技发展水平和社会经济状况制定的,在智能时代,科技的飞速发展使知识更新换代的速度加快,使创新成果的生命周期缩短。例如,软件、算法等智能成果的更新换代往往在短时间内就会发生,如果仍然采用传统的较长的保护期限,可能会导致权利的过度垄断,阻碍技术的进步和创新。

智能时代知识产权法的演进是一个持续而动态的过程,随着科技的不断进步和社会的发展,知识产权法将面临更多新的挑战和机遇。从发展趋势来看,知识产权法将更加注重与数字科技、智能科技的深度融合,不断适应智能技术创新带来的创新保护需求和经济模式变迁,进一步完善知识产权法治体系。在立法方面,将更加积极地回应智能时代的新问题,为智能技术创新成果提供更有力的法律保障,更合理的制度预期。在司法实践中,将针对动态发展时期的知识产权纠纷积极发挥司法能动性,通过一个个鲜活的个案裁判来确立有利于智能时代社会发展的司法审判规则。

持续研究和完善智能时代的知识产权法具有至关重要的意义。知识产权法的完善不仅关系创新者的权益保护,更关系整个社会的创新活力和经济发展。通过不断研究和完善知识产权法,能够更好地激发创新主体的积极性和创造性,促进智能技术的创新和应用,推动经济社会的高质量发展。同时,也有助于维护公平竞争的市场秩序,保护消费者的合法权益,促进知识的传播和利用,实现社会的公共利益。

三、本书的研究对象和思路

本书聚焦智能时代的知识产权问题,积极探索智能时代知识产权规则、制度、实践创新,推动知识产权理论创新和思维创新。在研究过程中,也坚持立足基础问题、注重前沿问题、放眼全球问题。

立足基础问题,即致力于研究智能时代知识产权的基本问题、普遍性问题、基础理论问题。知识产权法学基础理论仍然需要不断发展,仍然需要我们通过理论与实践相结合、当下与未来相贯通,形成符合与智能时代相适应的知产发展规律的科学认知,建构中国自主的知识产权法学知识体系和学科体系。建构知识产权法学知识体系的必由之路是对知识产权领域基本问题、基础问题的发掘、提炼和研究,这样才能避免只见枝末、不见主干。本书在选择论题时也注重选择基础理论问题。

注重前沿问题,就是面向智能时代知识产权的前沿问题,积极回应智能时代给知识产权法学提出的时代问题、新兴问题、复杂疑难问题。本书理解的“前沿”既包括学术前沿，也包括实践前沿。两个“前沿”是内在一致的。站在学术前沿，才能实现理论创新和学术进步，而站在实践前沿，发现学术问题的本源，才能体现理论的价值。学术前沿与实践前沿通常是重合的，重大学术理论问题通常也都是重大现实问题。实践前沿和学术前沿往往表现出高度的一致性、同步性、互为折射性。恩格斯曾经说过，工业对科学的需要比几十所大学更能推动科学的发展。这个论断完全适用于知识产权法学。本书也注重从知识产权法学的学术前沿和实践前沿密切结合的问题中选取论题。

放眼全球问题，与数字科技的发展与治理的全球性相一致，智能化是智能时代的特征之一，智能时代的知识产权法学问题几乎都是全球性问题。解决智能时代、数字领域的知识产权问题，任何一个国家都不可能独善其身，而必须寻求全球范围内更广泛的合作共赢。本书在叙述和论述智能时代的知识产权问题时，都持全球视野、全球思维，注重比较研究，特别是对中国、美国、日本、欧盟等国家和地区有关知识产权法学研究的现状和趋势，各国立法的制度建构、司法的立场、程序和案例的比较分析。本书在比较分析中明晰中国的立场、观点、制度和实践，借鉴域外好的制度和做法，吸收外国学者的学术研究成果，以期发展我们的知识产权理论，推动知识产权学科建设。

具体而言，本书聚焦智能时代的知识产权法的重要理论问题，结合前沿司法实践，重点针对与人工智能相关的权利保护对象、权利限制、权利保护和侵权责任界定等方面的问题展开研究，同时研究了智能算法在知识产权保护方面的作用和制度设计。本书主要内容包括：(1)在权利保护对象方面，研究人工智能和算法相关发明创造的专利保护、人工智能生成内容在著作权法下的定位、人工智能生成技术方案的可专利性等问题；(2)在权利限制方面，研究人工智能大模型训练中的著作权合理使用等问题；(3)在权利保护和侵权责任界定方面，研究智能时代著作权保护通过算法辅助实施的理论基础、算法推荐服务提供者的注意义务等问题。本书通过对这些问题的研究,进一步阐明了相关知识产权法的核心概念和理论,为司法和未来修法提供了制度建议。

第二章　人工智能及算法创新的专利适格性

在当今社会，大数据、人工智能等信息技术蓬勃发展，已辐射几乎所有的产业领域，对经济发展、社会进步、国家安全乃至人类文明进程有着深刻的影响。在此背景下，习近平总书记在《全面加强知识产权保护工作　激发创新活力推动构建新发展格局》中明确指出，“要健全大数据、人工智能、基因技术等新领域新业态知识产权保护制度”。[1] 作为对大数据、人工智能等前沿科技领域创新动能的算法的专利保护，其自然成为知识产权保护的重点和前沿。移动互联网、物联网、云计算、大数据、人工智能等科技的发展，正逐渐在我们社会中形成万物互联、万物可计算的基础设施。而如何更好地利用这些设施中的数据采集、分析和处理功能，就需要倚靠算法、软件层面的更多创新。在第四次工业革命中也正在逐渐形成在“万物互联、万物可计算”基础上的“超级软件技术”。欧洲专利局在《专利与第四次工业革命》中认为，第四次工业革命可能引发的一项重要影响是，增强产品和方法的创新将越来越多地发生在软件这一虚拟层面，而非在硬件组件中。[2] 软件创新的核心在于算法设

---

〔1〕 习近平：《全面加强知识产权保护工作　激发创新活力推动构建新发展格局》，载《求是》2021年第3期。

〔2〕 European Patent Office, *Patents and the Fourth Industrial Revolution*, EPO. org (December 2020), http://documents. epo. org/projects/babylon/eponet. nsf/0/06E4D8F7A2D6C2E1C125863900517B88/ $ File/patents _ and _ the _ fourth _ industrial _ revolution _ study_2020_en. pdf.

计。算法是将输入转换成输出的计算步骤的序列,是求解计算问题的工具[1],是“各种信息技术有机结合、广泛运用和创造丰富多彩的无限价值的关键”。[2]

算法专利适格性[3]是其受到专利法保护最基本的条件。面向新一轮科技和产业革命的需求,2019 年国家知识产权局发布了《关于修改〈专利审查指南〉的公告》(国家知识产权局公告第 343 号,以下简称“343 号公告”),专门增加了一节“包含算法特征或商业规则和方法特征的发明专利申请审查相关规定”。[4] 该修改有助于进一步明确我国算法相关专利申请的审查规则,激励算法相关创新,但也反映出对算法创新、特别是通用的共性基础算法创新进行保护的犹疑态度。对算法创新的专利权保护仍未达成理论共识和制度集成。

为贯彻落实党中央、国务院关于完善人工智能等新领域新业态知识产权法律政策体系的重要指示,全面、深入诠释我国现行专利法律制度框架下的人工智能领域专利审查政策,回应创新主体普遍关切的热点法律问题,提升专利申请质量,助推新质生产力发展,2024 年 12 月 31 日,国家知识产权局公布了其组织编写的《人工智能相关发明专利申请指引(试行)》(以下简称《申请指引(试行)》),供创新主体参考使用。该文件为进一步明确涉及人工智能的发明专利申请提供了指引。但对人工智能专利适格性判断的具体标准问题,在文件中仍然体现出对领域通用型算法的专利适格性的犹疑,以及对“技术领域”的限缩理解。在此背景下,我们有必要回顾相关实践发展,分析其中的理

---

〔1〕 参见[美]Thomas H. Cormen、Charles E. Leiserson、Ronald L. Rivest、Clifford Stein:《算法导论》,殷建平、徐云等译,机械工业出版社 2013 年版,第 6 页。

〔2〕 张文显:《构建智能社会的法律秩序》,载《东方法学》2020 年第 5 期。

〔3〕 专利适格性(patent eligibility)指该发明是否在可以授予专利权的主题范围之内。文献中也常用可专利性(patentability)的表述,但有时可专利性的含义更广。

〔4〕 国家知识产权局《关于修改〈专利审查指南〉的公告》(国家知识产权局公告第 343 号),国家知识产权局 2019 年 12 月 31 日发布。

论探索,并结合当前实践,为人工智能算法的专利适格性问题提供理论支撑。

一、算法专利适格性判断标准

对于算法专利适格性的判断方法,大部分国家和地区是在专利审查实践和司法实践之中通过对相关法律规范予以解释细化而形成的。在此简要分析具有代表性的美国、欧洲和我国的审查实践做法及其理据,从中可以看出算法专利适格性上的争议。

(一)美国的"抽象思想"例外和"Mayo/Alice"两步骤判断法

美国的司法判例创设了"自然现象、自然法则和抽象思想"例外规则,而算法相关发明是否应被归入"抽象思想",即成为需要判断的核心问题。

1. 软件专利适格性"三部曲"案件

美国专利商标局在早期审查实践中,一概认定计算机软件不属于专利适格的主题。[1] 美国联邦最高法院于 20 世纪 70 年代至 80 年代初接连审理了三件涉及算法和软件的专利适格性问题的案件[2],明确了"整体审查原则",并对一些适格性判断的基本理论进行了分析探讨。在 1972 年的 Gottschalk v. Benson 案[3]中,本森(Benson)和泰伯特(Tabbot)向专利局提交了一项专利申请,涉及数据处理程序,特别是将二进制编码的十进制(binary coded decimal,BCD)数字转换为纯二进制

---

〔1〕 参见[美]马克·A. 莱姆利等:《软件与互联网法》(上),张韬略译,商务印书馆 2014 年版,第 227 页。

〔2〕 所述"三部曲"案件,即 Gottschalk v. Benson,409 U. S. 63,409 U. S. 67(1972);Parker v. Flook,437 U. S. 584 (1978);Diamond v. Diehr,450 U. S. 175 (1981)。

〔3〕 Gottschalk v. Benson,409 U. S. 63,409 U. S. 67(1972).

数字的方法。美国专利局认为这不属于专利适格的对象。最终,美国联邦最高法院支持了专利局的观点,否定了这种方法的专利适格性。最高法院认为,涉诉专利申请中的数学过程“可以不使用计算机就被执行”,即并不限于任何特定机器或最终用途,并且涵盖在计算机上对该方法的任何使用。不能垄断数学算法的所有应用——“自然现象、智力活动的方法以及抽象的智力概念都不具可专利性,因为它们是科学技术研究的基本工具”。但法院判决中也明确指出“本案并不排除计算机程序获得专利的可能性”。这为计算机软件和算法相关发明获得专利保护留有可能空间。

“三部曲”的第二部 Parker v. Flook 案[1]中,涉诉专利申请是一种更新警报临界值的方法,它与 Benson 案不同之处在于,这个申请的方法是明确应用在炼油厂的催化转化过程中的。方法分三个步骤:(1)初始步骤,测量过程变量(如温度)的当前值;(2)中间步骤,使用平滑算法(一个数学公式),计算更新后的警报值;(3)更新值。而与现有技术的差别实际上就是第2步中的数学公式。审查员认为数学公式不属于专利适格的对象,不能被授予专利权。当时美国海关与专利上诉法院(court of customs and patent appeals,CCPA)认为,这个专利已经被限定应用在催化化学反应中,不会垄断数学公式的所有应用,因此是专利适格的对象。美国联邦最高法院认为,“数学公式应该被考虑为属于现有技术,不管实际上是新的还是已有的”;如果发明与现有方法的区别实质上仅涉及数学公式或自然法则,不构成可专利对象。涉诉专利申请没有包含任何有关的化学程序、对程序中变量的监控以及发布警报或者调整警报系统的方法;不能企图将公式限定于一个特定技术环境中来规避数学公式不受保护的原则。尽管法院认定了涉诉专利申请不能获得授权,但仍然认同“一个方法并不会仅仅因为包含了自然法则或者数学算

[1] Parker v. Flook,437 U.S. 584 (1978).

法就不可被授予专利”。

“三部曲”中最后一部的 Diamond v. Diehr 案[1]涉及一种合成橡胶的方法。与此前的算法相关的专利申请不同,这次的涉诉申请包含了许多具体的化工流程中的步骤。该案的权利要求记载了一种合成橡胶的方法,其中使用了计算机软件来接收元件自动检测的温度,并根据数学公式进行计算,具体步骤主要包括以下几个方面:

(1)将橡胶装入压模机中;关闭模具;

(2)通过温度传感器对橡胶硫化温度进行采样(不断测量);

(3)计算机程序响应所述硫化温度,使用一个公式,计算橡胶制品在硫化过程中的正硫化时间(合适的加工时间);

(4)判断所述的正硫化时间是否达到规定的正硫化时间;

(5)当所述正硫化时间达到规定的正硫化时间时即发出终止硫化信号,打开模具,取出橡胶。

当时专利局认为,根据 Benson 案,计算机执行的这些步骤是不可专利的。美国联邦最高法院首先确定了“整体审查原则”。美国联邦最高法院在判决中指出,这里发明人没有申请数学公式的专利,而是申请了加工合成橡胶的方法的专利;将计算机的使用纳入方法专利中,大大减少了加工过度或加工不足的可能性。不能仅因为产品或方法涉及计算机软件,而认为其不具有可专利性。应将权利要求(或发明)视作一个整体来判断其可专利性;将请求分解成新成分、旧成分然后忽略旧成分是不合适的,是否具有新颖性与决定是否属于可专利对象范围没有关系。其次,美国联邦最高法院指出,如果公式执行的是专利法旨在保护的功能(如改变一物品的状态或将一物品转变为一种不同的实物),则满足可专利对象的要求。这是将“机器或转换”标准作为一种检验方法。

---

〔1〕 Diamond v. Diehr, 450 U.S. 175 (1981).

2. 20 世纪 80 年代至 21 世纪初的判断法发展

1982 年美国联邦巡回上诉法院成立之后,逐渐呈现对算法及软件专利适格性的开放态度。美国联邦巡回上诉法院是美国一个专门性的上诉法院,其设立主要是为了解决此前专利等案件中裁判规则不一致等问题。最初的法官都是对专利法非常熟悉的法律人。因此被自由软件基金会的一些成员认为具有"亲专利性",即倾向于放宽专利保护范围。在美国联邦巡回上诉法院成立开始的最初几十年中,也确实在专利适格性判断、创造性判断、等同侵权等诸多方面提出了具体的规则,在事实上放宽了专利权授予对象范围和保护范围。在软件、算法相关专利适格性判断中提出的规则也使更多类型的软件相关发明创造得以被授予专利。

在 Alappat 案[1]中,里奇(Rich)法官使用了"有用、具体且有形的结果"标准。涉案发明创造主要是使用软件来将表示波形的数据进行转换,处理后的数据可在光栅显示器上显示平滑的波纹。被驳回的权利要求记载了将表示输入波形的取样量值的矢量表数据转换成一种显示抗锯齿像素照明强度数据的光栅器,包括:

(1)确定数据单中每个矢量端点之间的垂直距离的方法;

(2)确定矢量跨度中的像素行高度的方法;

(3)将垂直距离和高度规范化的方法;

(4)使用关于规范化的垂直距离和高度的预置函数来输出照明强度数据的方法。

审查员和复审委认为其主要是对其中的计算方法进行保护,不属于专利适格的对象。美国联邦巡回上诉法院则认为:一方面,从广义上来说,在电子的、化学的或者机械的研究领域里,每个按部就班的过程(工序)都包含算法。《美国专利法》规定:凡发明或发现任何新颖而适用的方法、机器、制造品、物质的组成,或其上述各项新颖而适用的改进,可以

---

[1] In re Alappat, 33 F. 3d 1526 (Fed. Cir. 1994).

按照该法所规定的条件和要求取得专利权。因此没有理由支持那种认为算法是不可被授予专利的主张。另一方面,"通用计算机一旦经过编程来执行程序指令的特定功能,实际上就变成了专用计算机","计算机是仪器,不是数学"。涉案的权利要求将抽象概念(数学算法、公式或者计算)进行了实际应用,因为这个过程产生了"一个有用、具体且有形的结果"——平滑的波纹;所以它不是一个可以被称为"抽象概念"的数学概念,而是"能够产生有用的、具体的和有形结果的机器"。

从20世纪90年代开始的电子商务则引起了关于商业方法的专利申请潮流。商业方法是一个很宽泛的概念,主要指关于商业活动的新方法,包括销售(商店销售货物的方法、拍卖的方法)、市场(广告方法、用户分析)、商业服务(股票交易、快递物流)、商业策略(风险规避的方法)等各种商业活动的新方法。在1998年的道富银行案[1]中,里奇法官进一步解释了"实用、具体且有形结果"判断法,认为尽管仅仅由只是表示抽象概念的数学算法构成的发明不具有可专利性,但是,如果数学算法被缩减到了某些实用的应用,即产生了实用、具体和有形的结果,那么就是可专利的,即使其中实用的结果是由数字表示的,例如价格、利润、比例、成本、损失等。同时,里奇法官明确表示了对于商业方法不能被授予专利权的"这一不合理的例外规则"的否定,认为《美国专利法》第101条规定:凡发明或发现任何新颖而适用的方法、机器、制造品、物质的组成,或其上述各项新颖而适用的改进,可以按照该法所规定的条件和要求取得专利权。其中使用"任何",就表明国会的本意不是要对哪种标的物可以获得专利设置限制。事实上,法院已经承认国会试图将第101条规定扩展至"世界上任何人造事物"。因此,限制是不正确的。

由于软件、特别是商业方法专利的申请和授权量此后急剧增长,人

---

[1] State Street Bank and Trust Company v. Signature Financial Group, Inc., 149 F. 3d 1368 (Fed. Cir. 1998).

们没有仔细探究更为复杂的创造性判断标准，而是将目光集中投向了适格性判断标准，并批评“实用、具体且有形结果”判断法过于宽松。在将近十年后，在 Bilski 案[1]中，美国联邦巡回上诉法院全体法官出庭审理，推翻了“实用、具体且有形结果”判断法，亦拒绝采用“技术领域”标准，希望确立回归“机器或转换”标准。[2] 但美国联邦最高法院反对将“机器或转换”作为唯一的判断标准，认为该判断标准能够为评估类似工业时代的发明提供充分依据，但其不应成为判断信息时代发明的可专利性的唯一标准。然而比较遗憾的是，该案中并没有确立明确的判断法。判决中指出，“信息时代使创新的可能性落入更多人的手里，对专利法提出新的难题……越来越多的人努力创新并寻求专利保护，专利法一方面要保护发明人，另一方面又不能对其他人通过独立和创造性地应用一般原理所发现的某些方法赋予垄断权……本判决对于平衡应该维持在哪里没有任何意见。”[3]这显然不满足人们对于更加清晰的适格性判断规则的需求，故而美国联邦最高法院在此后又连续提审了适格性相关案件，提出了自己的判断法。

3. 专利适格性的“两步骤判断法”

在随后的 Mayo 案[4]、Alice 案[5]中，美国联邦最高法院建立起了“两步骤判断法”：

(1)判断权利要求是否指向自然法则、自然现象、抽象思想(“司法确定的例外”)；

---

〔1〕 In re Bilski, 545 F. 3d 943, 88 U. S. P. Q. 2d 1385 (Fed. Cir. 2008).

〔2〕 机器或转换标准即如果一项方法与特定的机器或装置结合在一起，或者将特定的物体转换到不同的状态或转换为不同的物，则该方法是《美国专利法》第 101 条规定下的可专利对象。联邦巡回上诉法院在本案中认为，对于公共的或私人的法律义务(债)、法律关系或商业风险等抽象事物的转换或操纵，都不能满足该标准。

〔3〕 Bilski v. Kappos, 561 U. S. 593 (2010).

〔4〕 Mayo Collaborative Services v. Prometheus Laboratories, Inc., 132 S. Ct. 1289 (2012).

〔5〕 Alice Corporation Pty. Ltd. v. CLS Bank International, 134 S. Ct. 2347 (2014).

(2)如果指向司法确定的例外,则判断权利要求中记载的要素或要素的组合是否提供了"发明概念",且足以确保权利要求整体上远远超过"司法确定的例外"本身。

Mayo 案并非软件专利领域的案件,但确立了涉及"司法确定的例外"的专利申请的适格性判断规则。该案涉案专利是一种测量巯基嘌呤药物合适剂量的方法。发明人发现在临床治疗中,部分病人曾经出现因为注射巯基嘌呤药物产生免疫系统无应答或者中毒的状况。为了避免上述副作用的出现,发明人研究了注射后特定代谢物浓度与注射剂量是否过度或不足之间的关系,并基于此研发明一种测定巯基嘌呤药物最佳注射剂量的方法。主要包含以下步骤:

(1)向患者注射会产生 6 – TG 代谢物的巯基嘌呤药物。

(2)测量患者体内 6 – TG 代谢物的浓度。

(3)当 6 – TG 代谢物的浓度低于每 8 × 108 红血球 230Pmol 时,需要增加个体药剂注射量;当 6 – TG 代谢物的浓度高于每 8 × 108 红血球 400Pmol 时,需要减少个体药剂注射量。

该案中地方法院认为,该案权利要求为测量巯基嘌呤药物合适剂量的方法,核心是代谢物浓度和药物效力的相互关系,而这属于对自然现象的描述,不是专利标的物。联邦巡回上诉法院则认为,该案权利要求中通过管理、判断等一系列具体步骤,利用代谢物浓度和药物剂量之间的自然联系,达到治疗特定疾病的功效,该权利要求是对自然法则的具体利用。该专利并没有抢占对于"嘌呤药物代谢物及其疗效和毒性相互关系"的所有应用;且符合"机器或转换"判断标准的要求,故为专利适格对象。

美国联邦最高法院认为,涉案专利仅仅是对"人体代谢物水平与药物剂量可能危害和无效之间关联"这一自然法则的描述。先前在该领域中使用的"被充分理解的、常规的、惯例性的活动"通常不足以将一种不可获得专利的(抽象概念)转变为一种专利适格的申请。该案中"管理、判断等步骤,无论是单独的还是组合的,都不足以将不可专利的自然关联转化为可专利的过程”。法官也重申“自然法则、自然现象和抽象思想是科学和技术工作的基础工具”,通过授予专利权而垄断这些工具将更可能会阻碍创新而非促进创新。然而探究这些自然规律也需要投入,当这些自然规律具有直接的应用,并且发明者针对这种应用获得专利授权,进而可能在市场上获得投资回报,通常认为是对于创新投入的激励作用是明确的,符合专利权的立法目的。因此,这一规则解释在生物医药界也引起了不少反对。

但 Alice 案则进一步确定了这一两步骤判断法的应用。Alice 案涉案专利是利用计算机实施的减少结算风险的方法,包括计算机软件相关专利申请中非常典型的方法权利要求、计算机系统权利要求和存储介质权利要求。美国联邦最高法院在判决中明确了采用前述 Mayo 案中确立起来的判断法,即首先判断权利要求是否指向自然现象、自然法则、抽象思想,如果是,则要确定权利要求中的元素——独立的或者有序组合后——是否将该权利要求的性质转变为适格授权的对象。并且针对计算机软件相关专利申请,强调了方法权利要求如果仅仅是需要通用计算机来实现,这一点不能将一个抽象思想转换为专利适格的发明。

基于此框架,针对第一步,即判断权利要求是否指向抽象思想等司法例外,美国联邦最高法院认定,本案中的权利要求涉及第三方“中间结算”,这一概念属于不具有可专利性的抽象概念。根据长期存在的规则,“概念本身不具有可专利性。”正如 Bilski 案中的“风险对冲”概念一样,本案中的“中间结算”概念也属于“普遍存在于商业体系中的基本经济操作”,即使用第三方中介的方法是当代经济领域中的“基本单位”。因此,“中间结算”与“风险对冲”一样,都属于抽象思想,超出了《美国专利法》第 101 条规定的专利适格的主题范围。针对第二步,即判断权利要求是否可以转化为可专利发明,法院认为,该案中仅通过计算机实现的方法权利要求并不能将抽象概念转化为可专利发明。首先,在描述抽象概念时简单地添加“用计算机来应用”的字样,只是将两个步骤机械地连接起来,不足以使其具备可专利性。权利要求中加入通用计算机的应用通常并未“增加技术特征”,而是试图通过撰写权利要求的方式来垄断抽象思想本身。其次,该案中的代表性方法权利要求仅指示操作者在通用计算机上执行“中间结算”这一抽象概念。从整体上看,这些权利要求并未改进计算机系统本身的功能,也未在其他技术领域进行任何改进。因此,此类权利要求不足以将抽象思想转化为可专利发明。

在该案中,对“两步骤判断法”的应用,进一步明确了对指向自然法则、自然现象、抽象思想等司法排除的例外的发明的专利适格性判断标准。然而,“两步骤判断法”由于本身具有的模糊性,也引起了很多争议,并且明显增加了对软件相关发明创造的授权难度。正如美国联邦最高法院在 Alice 案中所指出的,“所有发明在某种程度上都体现、使用、反映、依靠或者应用了自然法则、自然现象和抽象思想”,因此在解释这些司法例外时必须小心谨慎,以防它们“吞噬了整部专利法”。在适用“两步骤判断法”时,应当要谨慎避免抑制了对于这些利用了自然法则等的发明创造的激励。

2019 年,美国专利商标局将该判断法进一步细化。一方面,将何者构成抽象思想进行了分类梳理。美国专利商标局基于司法中的先例,为了增加确定性和可靠性,修订的指南抽取和综合了之前司法先例中被判定为抽象思想的关键概念,将抽象思想分为数学概念、组织人类活动的某些方法和心理过程三类:(1)数学概念包括数学关系、数学公式或方程、数学计算;(2)组织人类活动的某些方法指基本经济原则或做法(包括对冲、保险、减轻风险)、商业或法律互动(包括合同形式的协议,法律义务,广告、营销或销售活动或行为,商务关系)、管理人的行为或人际关系(包括社交活动、教学和遵循规则或指示);(3)心理过程即在人类心灵中活动的概念(包括观察、评估、判断、意见)。

另一方面,美国专利商标局在前述“两步骤判断法”的第一步与第二步之间加入了一个是否整合为实际应用的判断步骤。如果权利要求列出了司法确定的例外,且包含其他元素将司法确定的例外整合为一项实际的应用(practical application),则该权利要求并不“指向”(direct to)该司法确定的例外,即属于适格的主题。否则,如果列出了司法例外但并未将其整合为实际应用,则该权利要求属于“指向”了司法确定的例外,必须根据第二个步骤继续进行分析,以确定主题的适格性。[1]

可见,在当前美国的实践中,算法本身属于“抽象思想”,而“实际应用”则是与“抽象思想”相对的一个重要概念,一个包含算法的实际应用属于专利适格的对象。

(二)欧洲专利局的“技术性”要求与“双关卡”判断法

《欧洲专利公约》第 52 条第 2 款列举了不构成发明的对象的一些类别,包括数学、商业方法、计算机程序等对象,并在第 52 条第 3 款中规定了排除的对象仅限于这种主题或活动本身。这也表明了在判断专利适格性时采用“整体审查原则”,而不采用“感染法”(contamination test),即一项权利要求不会仅仅因为包含数学方法等被排除的主题,就不能被授予专利权。

《欧洲专利公约》第 52 条第 2 款列举的排除对象的逻辑基础是其均不构成发明。在 2000 年《欧洲专利公约》修改前,欧洲专利局常设咨询委员会(the Standing Advisory Committee before the European Patent Office,SACEPO)曾在 1998 年进行了讨论并一致支持将“计算机程序”从第 52 条第 2 款列举的不构成发明的主题中去除,并向专利法委员会

---

〔1〕 参见 USPTO:*Manual of Patent Examining Procedure*,9th Edition,Revised June 2020;张韬略:《美国〈专利客体适格性审查指南〉的最新修订及评述》,载《知识产权》2020 年第 4 期。

提出了该建议,[1]而当时的欧洲专利局局长伊戈·科伯(Ingo Kober)则提议从欧洲专利公约中删除第52条第2款,并说明:"迄今为止,所有试图为'发明'一词建立能获得欧洲乃至国际层面认可的合适定义的尝试均失败了。但是,自专利制度成立以来,专利保护就应该保留给技术领域的发明,这已成为欧洲法律传统的一部分。因此,可授予专利的发明的主题必须具有'技术性',或者更确切地说,必须涉及'技术教导',即针对本领域技术人员的关于如何使用特定的技术手段来解决特定技术问题的说明。"[2]目前欧洲专利局界定一项创新是否构成发明,主要在于判断其是否具有"技术性"。[3]

然而,正如上诉委员会在养老金福利系统控制方法及装置案中所述,"术语'技术'或'技术性'的含义并不特别明确"。[4] 欧洲专利局在20世纪80年代至90年代曾采用"技术贡献"判定法。[5] 该方法受到的主要质疑在于,"技术贡献"是一个需要与现有技术进行比较的相对概念,但专利适格性应当"无须进行先前技术检索,而是从发明的本质上作判断"。[6] 上诉委员会后续也认为,确定技术贡献,"更适合于新颖性和创造性的审查目的"。[7] 此后逐渐转为"技术性"判断,并发展形成了现在的适格性—创造性"双关卡"判断法(two-hurdle approach)。

---

[1] "Points for a revision of the EPC-summary of comments by SACEPO members in response to document SACEPO 2/98 Rev. 1"(Document CA/PL 2/99: 1 - 2), http://documents.epo.org/projects/babylon/eponet.nsf/0/87FF9310ACB3BE06C1257280003EC6DE/ $ File/capl_99002_en.pdf,最后访问日期:2021年12月10日。

[2] Revision of EPC: Article 52(1) - (3) (Document CA/PL 6/99), p. 1, EPO. org (March 3, 1999), http://documents. epo. org/projects/babylon/eponet. nsf/0/805B6511F69C7071C1257280003E94A8/ $ File/capl_99006_en. pdf.

[3] See Case Law of the Boards of Appeal of the European Patent Office, 9th edition, 2019, Section 1.1, p. 3.

[4] T - 931/95 Controlling pension benefits system/PBS PARTNERSHIP, Board of Appeal of EPO, 2001.

[5] See T - 208/84 Computer-related invention/VICOM, Board of Appeal of EPO, 1986.

[6] 袁建中:《欧洲专利局的软件专利审查变革》,载《电子知识产权》2009年第8期。

[7] T - 1173/97 Computer program product/IBM, Board of Appeal of EPO, 1999, p. 623.

欧洲专利局将那些既包含技术特征、又包含非技术特征的权利要求称为混合类型的权利要求。由于数学公式、算法、计算机软件等在欧洲专利局对于特征的分类中属于非技术特征，因此涉及软件、算法发明的权利要求必然包含非技术特征，往往属于混合类型的权利要求。因此，欧洲专利局针对对此类权利要求的可专利性的判断进行了特别规定。

首先判断权利要求是否包含具有技术性的特征，如果完全不包含技术性特征，则不属于技术领域的发明；如包含，则属于对发明的技术性有贡献的特征集合，[1]该集合中的特征可被用于新颖性、创造性审查步骤中。

计算机程序权利要求的判断有些特殊。欧洲专利局承认了"计算机程序"权利要求，但《欧洲专利公约》条文明确排除计算机程序本身。欧洲专利局上诉委员会认为，排除计算机程序本身的专利适格性应被解释为排除那些属于抽象创造、缺乏技术性的程序。关于如何判定技术性，委员会认为虽然在程序指令执行过程中必然会带来对硬件的物理更改，但这种更改自身不能构成所要求的技术性。否则就会架空《欧洲专利公约》中对计算机程序的排除规则。因此，计算机程序如果想通过适格性审查就需要更进一步的技术效果。[2] 这实际上是囿于法律条文而进行的权衡解释，既为计算机程序提供保护，又碍于条文必须予以限制。

2018 年，欧洲专利局针对人工智能技术和产业的发展需要，对《专利审查指南》进行了修改，[3]体现了对信息技术创新的重视。但仅是对既有规则的细化，并未进行实质改变。

---

〔1〕 这种包含是指，既包括技术特征，也包括单独来看属于非技术特征的、但在该发明的语境下为服务于技术目的产生技术效果有贡献的特征。

〔2〕 T－1173/97 Computer program product/IBM，Board of Ap- peal of EPO，1999，p. 623.

〔3〕 See European Patent Office，*Guidelines for Examination in the European Patent Office*，November 2018 Edition，Part G，Chapter Ⅱ. 2019 年版本中又进行了一些细节上的修改。

(三)我国关于人工智能和算法可专利性的“三关卡”判断法

我国国家知识产权局“343 号公告”中对包含算法特征的发明坚持“整体审查”原则,并确立了“三关卡”判断法:

(1)判断权利要求是否属于“智力活动的规则和方法”本身。如果权利要求中还包含技术特征,则整体上不能将其简单化归“智力活动的规则和方法”。因此,这一步骤也可以被称为“技术特征”判断。

(2)判断权利要求是否属于“技术方案”。延续了“技术问题—技术手段—技术效果”三要素判断法,即判断权利要求是否记载了对要解决的技术问题采用了利用自然规律的技术手段,并且由此获得符合自然规律的技术效果。

(3)在创造性审查阶段,将权利要求中与技术特征功能上彼此相互支持、存在相互作用关系的算法特征或商业规则和方法特征与所述技术特征作为一个整体进行考虑。

上述判断法与欧洲专利局的“双关卡”判断法的区别主要在于在专利适格性阶段多设置了一个“技术方案”判断关卡。但由于在专利适格性判断阶段通常不进行现有技术检索,因此不能完整判断专利申请在客观上解决的问题和取得的效果。“技术方案”判断步骤的功能应限制为仅将明显不满足技术性的申请排除到专利适格范围之外,以提高审查效率、促进专利撰写质量的提升。

我国《申请指引(试行)》并未引入新的判断规则,而是基于“343 号公告”进行了具体解释并添加了对申请人的指引。目前,从“343 号公告”中的具体示例以及《申请指引(试行)》的具体解释中都可以看到,比较明确地可以获得保护的人工智能或涉及算法特征的发明主要指向将机器学习等算法应用到某个具体领域,或者与特定硬件设计相结合的情形。

首先,在第一关卡即“技术特征”判断中,《申请指引(试行)》指出了两类满足技术特征的情形。一是权利要求中包含方法运行的硬件环境特征。《申请指引(试行)》中明确说明,如果一项关于人工智能模型处理方法的权利要求,其特征部分明确记载了该方法由人工智能芯片运行,由于方案整体上记载了该方法运行的硬件环境,该硬件环境属于技术特征,因此权利要求的方案就整体而言不属于智力活动的规则和方法。二是权利要求中明确记载了对于图像等某类具体数据的技术处理。例如《申请指引(试行)》指出,如果一项关于神经网络模型处理方法的权利要求,在其方案中明确记载了该方法用于对图像进行处理和分类,由于对图像数据的处理和分类属于技术特征,因此,该权利要求的方案就整体而言也不属于智力活动的规则和方法。例如,“343 号公告”在第 6.2 节“审查示例”的第一个示例中指出,“该解决方案不涉及任何具体的应用领域,其中处理的训练样本的特征值、提取特征值、标签值、目标分类模型以及目标特征提取模型都是抽象的通用数据,利用训练样本的相关数据对数学模型进行训练等处理过程是一系列抽象的数学方法步骤,最后得到的结果也是抽象的通用分类数学模型。该方案是一种抽象的模型建立方法,其处理对象、过程和结果都不涉及与具体应用领域的结合,属于对抽象数学方法的优化,且整个方案并不包括任何技术特征,该发明专利申请的解决方案属于专利法第二十五条第一款第(二)项规定的智力活动的规则和方法,不属于专利保护客体”。《申请指引(试行)》在解释第一关卡的判断时也指出,“一种基于抽象算法且不包含任何技术特征的通用神经网络模型建立方法,或是,不包含任何技术特征的利用优化后的损失函数对通用神经网络进行训练以加速训练收敛的方法,均被认为是一种抽象数学算法,属于智力活动的规则和方法”。

其次,在是否属于“技术方案”的判断中,《申请指引(试行)》中明确了解决方案属于技术方案的三种常见情形。一是人工智能算法或模型处理的是技术领域中具有确切技术含义的数据。这在一定程度上暗示对于没有被限定到具体领域里面的算法或模型相关发明的专利适格性的否定态度。但在审查实践中,我国已经有许多没有被限定到具体领域中进行数据处理的发明创作被授权。例如,一种基于联邦学习进行模型参数更新的方法及系统(CN202011044286.5)是已获授权的专利,其没有被限定到具体处理哪一应用领域的数据,它是关于一种基于联邦学习进行模型参数更新的方法及系统的发明,可以被用于各类数据的处理。这也表示对于具有一定的领域通用性的方法也是可能满足专利适格性的。二是人工智能算法或模型与计算机系统的内部结构存在特定技术关联。但是如果一项权利要求仅仅是利用计算机系统作为实现人工智能算法或模型运行的载体,未体现出算法特征与计算机系统的内部结构之间的特定技术关联,则不属于此情形的范围。三是基于人工智能算法挖掘具体应用领域的大数据中符合自然规律的内在关联关系。这里对于“自然规律”进行了比较狭义的解释。《申请指引(试行)》中指出:“如果利用人工智能算法或模型挖掘出的指标参数与预测结果之间的内在关联关系仅仅受到经济规律或社会规律的制约,则属于未遵循自然规律的情形。例如,一种利用神经网络预估地区经济景气指数的方法,利用神经网络挖掘经济数据和用电数据与经济景气指数之间的内在关联关系,并基于该内在关联关系进行地区经济景气指数的预测。由于经济数据和用电数据与经济景气指数之间的内在关联关系受到经济规律制约,不受自然规律约束,因此该方案未利用技术手段,不构成技术方案。”这是对“343 号公告”中第 6 个示例的解释。更加明确了对于“自然规律”进行限缩解释的基本立场。然而在人工智能技术被日益广泛地用于解决社会问题并能形成相应产品的今天,这一领域限制是否是合理的?理论基础是什么?同样需要进一步分析。

美国、欧洲、我国三种代表性判断标准都在一定程度上回应了算法发明的专利保护诉求,但由于它们都仍在一定程度上拘泥于算法本身不能受到专利保护的“限制性思维”之中,不可避免地引发对算法专利适格性的“层次限制”和“领域限制”等越来越多的争议,当然也催生了人们新的探索。

二、算法专利适格性判断的主要原则及其理论基础

欧洲专利局《专利审查指南》里明确写道:“数学方法在所有技术领域的技术问题解决中都起着重要作用。”[1]美国联邦最高法院也指出:“在某种程度上,所有发明都体现、使用、反映、依靠或者应用了自然法则、自然现象或抽象思想”,“在解释这些司法例外时需谨慎行事,以免吞噬了整部专利法。”[2]我们需要通过“算法是不受保护的数学”“算法是抽象思想”这些旧时论断,厘清算法发明专利适格性判断问题的主要原则及其理论基础,为该问题提供分析框架。在典型审查规则和审查实践中,主要体现了以下原则和考量。

(一)智力活动方法除外原则

“智力活动的规则和方法是指导人们进行思维、表述、判断和记忆的规则和方法。”[3]智力活动方法在欧洲和我国被明确列为不受保护的对象,理由是其不构成发明、不构成技术方案。美国虽在专利法中未明文规定,但在司法实践中发展出“智力活动方法”原则或称智力活动方法除外原则,即如果一项发明创造可以完全通过人脑执行完成,那么该发明创造就与智力活动方法同一,则不属于可以授予专利权的对象。

“智力活动方法”原则在美国联邦最高法院审理的软件专利适格性第一案 Benson 案中就有所涉及。道格拉斯(Douglas)大法官专门指出,

---

〔1〕 See European Patent Office, *Guidelines for Examination in the European Patent Office*, November 2019 Edition, Part G, Chapter Ⅱ, p. 2.

〔2〕 Alice Corporation Pty. Ltd. v. CLS Bank International, 134 S. Ct. 2347 (2014), p. 2348, 2354.

〔3〕 我国《专利审查指南》第二部分第一章 4.2 节。

涉诉专利申请中的数学过程“可以不使用计算机就被执行”,即意指其可涵盖智力活动方法。[1] 萨缪尔森(Samuelson)教授回顾该案时曾梳理“智力活动方法”学说发展的历史,认为该学说是判断计算机程序专利适格性时需考虑的首要原则。[2] 专利法上排除智力活动方法的理由主要包括:(1)智力活动对物理世界不产生影响;(2)人的智力活动具有不确定性,不具备产业上的可重复性;(3)智力活动是基本的创新工具,对其授权将阻碍创新;(4)不应限制人在头脑中的思维自由。但对于信息技术领域的发明,“智力活动步骤”原则的局限性日益明显。[3] 算法发明人的主要利益诉求通常在于对计算机执行的程序中包含的算法的排他性权利,所以对于计算机执行的算法相关发明的审查,“智力活动方法说”的支撑理论逐渐失去对实践的指导意义。而前述第(3)项理由已被吸纳于对“抽象思想”的判断探讨之中。从对专利适格性判断方法的法理支撑角度上看,“智力活动方法说”对今天算法发明申请和审查的影响,主要在于宣示人在头脑中的思维活动自由具有更高位阶的价值,专利权不能凌驾于思维活动自由之上。

基于“343 号公告”,一般认为专利权利要求中只要包含至少一项技术特征,就不再构成“智力活动的规则和方法”本身。因而,对于专利申请者而言,通常只需依据审查指南的要求,在权利要求中加入至少一项技术特征即可。

我国应确立专利权保护范围默认排除完全在人脑中进行的智力活动这一基本原则。对当前审查和司法实践而言,首先,授权阶段应进行严格审查,如权利要求可能指向纯粹的智力活动的规则和方法,则应请申请人

[1] Gottschalk v. Benson, 409 U. S. 68, 93 S. Ct. 253, 255 (1972).

[2] Pamela Samuelson, *Benson Revisited: The Case Against Patent Protection for Algorithms and Other Computer Program-Related Inventions*, Emory Law Journal, Vol. 39:4, p. 1044 (1990).

[3] 参见崔国斌:《专利法上的抽象思想与具体技术——计算机程序算法的客体属性分析》,载《清华大学学报(哲学社会科学版)》2005 年第 3 期。

进行修改。其次,在侵权判定阶段,基本解释原则应是,无论权利要求是否可能被解释为纯粹的智力活动的方法,都不应将该权利要求范围解释为可以涵盖人脑中的智力活动的规则和方法,否则与基本法理相违背。在具体解释路径和依据上,一方面,可以专利权有效为解释原则进行解释,有效的专利权必然不能够涵盖纯粹的人类智力活动方法;[1]另一方面,可以依据法律不干涉人脑中的思想活动这一基本的法律原则,而明确任何权利要求都不能指向纯粹的人脑中的智力活动本身。最后,基于类似的考虑,在确权阶段,对于已授权但遗漏了计算机等常规技术特征的权利要求,应允许予以修改,加入计算机执行等通常的技术特征,从而在不影响社会公众权益、不扩大保护范围且不会实质性带来权利边界不稳定性的前提下,可以更好地为创新者提供专利保护。因此,智力活动方法除外原则对专利权保护范围并无实质影响,不必继续讨论。

(二)基础理论与实际应用界分原则

专利适格性判断中,无论是美国司法判例中创设的"自然现象、自然法则和抽象思想"例外规则,还是欧洲专利局对"技术性"的解释,均透露出在规则背后注重对"基础理论与实际应用"进行界分的原则。然而"基础理论"与"实际应用"之间并非有一条泾渭分明的界限。专利法上进行划分的理论基础主要包括以下几个方面:

1. 基础研究缺乏直接商业应用性,不适于用专利制度进行保护和激励

专利制度区别于科研资助或科研奖励制度,其并不直接为发明人提供金钱资助或奖励,而是通过赋予权利人排他性权利,使其有机会在市场上通过对该技术的独占经营或对外许可、转让获得收益。简言之,专

[1] 例如,北京市高级人民法院《专利侵权判定指南(2017)》中规定:"解释权利要求时……不能把不应纳入保护的内容解释到权利要求的范围当中。"

利激励创新的制度功能需要通过市场来实现。一些学者表示,“专利保护的是潜在的具有巨大商业应用性的思想”,“基础研究与应用研究的区别,主要在于前者缺乏直接的商业应用性”。[1] 因此,如果一项专利在其保护期内无法在产业中得以应用,则专利权人无法从市场获得优势竞争地位或直接收入,即专利制度无法使其获得任何收益。这样的授权只是徒增权利人及整个专利制度的成本。甚至还有可能错误引导一些研发者的努力方向,造成社会研究资源的浪费。

尽管人们认可基础算法在发明中的意义,但传统上通常认为这些主题属于基础理论,距离实际产品、应用往往仍然有较大的距离。基础理论领域的研发往往是高校、研究所的活动,不是产业界主要投资和从事创新的对象,也自然不应成为专利法保护的对象。

然而在算法等一些领域,基础研究与技术应用之间的差距和时间间隔正在逐渐缩短,这条界限正渐渐消弭。在当前智能科技蓬勃发展的情况之下,有必要结合产业实践,理性审视和反思基础算法与实际产品和应用之间的距离。

2. 抽象方法权利覆盖范围可能过宽,需平衡专利权人利益与社会公共利益

一些司法判决和理论文章在分析算法是否属于抽象思想而不属于具体应用时,常常提到对其赋予专利权会对在后创新的影响。“不能垄断数学算法的所有应用”成为一条极具正当性的论断。例如 Benson 案中道格拉斯大法官认为:“这里的‘方法’权利要求过于抽象和概括,以至于覆盖了将 BCD 转换为纯二进制方法的全部已知和未知的使用。”[2]

---

[1] [美]威廉·M. 兰德斯、理查德·A. 波斯纳:《知识产权法的经济结构》(中译本第二版),金海军译,北京大学出版社 2016 年版,第 358、370~371 页。

[2] See Gottschalk v. Benson, 409 U. S. 68, 93 S. Ct. 253, 255 (1972), p. 255.

莱姆利(Mark A. Lemley)等学者认为,“没有任何类别的发明是天然就对获得专利而言过于抽象的。相反,禁止对抽象概念申请专利的规则是为了防止发明人过于宽泛地提出对其思想的权利要求。通过要求将专利权利要求限制为某一思想的特定实际应用集合,‘抽象思想学说’既使所得专利的范围更加明确,又为随后的发明者改进基于相同基本原理的新应用及为之申请专利留出了空间。”他们主张将抽象思想判断重塑为“过度主张权利测试”(overclaiming test),即法官在分析一项权利要求是否构成抽象思想时,应“关注真正重要的事情:专利权人的权利要求范围是否与发明在现实世界中的实际贡献相适配”。[1] 这是比例原则的体现,也表达了在特定情形下对于分配正义的某种担忧。[2]

莫杰思(Merges)教授等提出,专利法领域的“抽象思想”问题与著作权领域的“思想表达二分法”有非常高的相似性,“均旨在防止知识产权过度保护的风险,二者都通过在具体细节和过于广泛的概括之间划定界限来发挥作用”;可借鉴汉德(Hand)法官在著作权领域提出的“抽象层次法”,考虑在抽象思想和具体发明之间可能具有多重抽象层次,采用“假想抽象权利要求法”,分析权利要求是否在可受保护的层次。莫杰思教授等对抽象思想判断与“思想表达二分法”建立起来的连接也进一步启示我们去关注“抽象思想例外”的实质性制度功能及其背后的价值衡量。

正如“思想表达二分法”并非真正关心事实层面思想与表达的界限,而是从著作权法的立法目的出发,进行利益衡量与价值取舍,划定共享与独占的范围,为裁判者提供一种富有弹性的、将价值判断正当化的

---

〔1〕 Mark A. Lemley, Michael Risch, Ted Sichelman & R. Polk Wagner, *Life after Bilski*, Stanford Law Review Vol. 63, p. 1315(2011).

〔2〕 参见[美]罗伯特·P. 莫杰思:《知识产权正当性解释》,金海军、史兆欢、寇海侠译,商务印书馆 2019 年版,第 358 页。

解释工具，[1]对于“抽象思想”或“基础理论”的划定也同样不能持一种教条的观点，简单认定“算法”属于抽象思想、基础理论，而是应该对是否缺乏商业应用性、是否要求了过宽的保护等要素进行综合考量和具体判断。

3. 技术领域限制原则

欧洲专利局和我国均一直坚持“技术性”要件，但在对“技术性”的解释方面，随时间发展呈现一定程度的放宽趋势。相反，《美国专利法》中并未明确规定“技术性”要件。美国联邦巡回上诉法院在 Bilski 案中也表示不采用“技术领域”标准，认为技术或技术领域等概念含义模糊且易变动，并且美国联邦最高法院和联邦巡回上诉法院自己都没有确切地适用过此标准。[2] 可见，在此问题上仍存在制度和解释上的差异。

从协调不同制度的分工方面，“技术性”限定具有划分所调整的利益关系领域的规范意义。首先，可以用“技术性”限定进行工业产权与著作权之间的制度分工。我国《著作权法》中将著作权保护的对象——作品限定在“文学、艺术、科学领域”。一些学者指出，文学、艺术、科学领域强调作品区别于技术创作，即著作权要跟工业产权区分。[3] 著作权法强调的是感知、欣赏层面的价值，而专利法强调的是功能性、实用性方面的价值。其次，“技术性”限定可以在我国专利制度内部将发明、实用新型专利与外观设计专利进行划分。最后，可将实用的技术与单纯的科学发现进行划分，这点实际同“基础研究与实际应用”的划分功能一致。

在一直强调“技术性”的欧洲和我国，这一概念限定规范意义并不

---

〔1〕 参见熊文聪：《被误读的“思想/表达二分法”——以法律修辞学为视角的考察》，载《现代法学》2012 年第 6 期。

〔2〕 In re Bilski，545 F. 3d 943，88 U. S. P. Q. 2d 1385(Fed. Cir. 2008)，p. 960.

〔3〕 参见李琛：《著作权基本理论批判》，知识产权出版社 2013 年版，第 116 页。

局限于此。虽然欧洲和我国并未对发明所应用的领域进行限制,但对解决的问题、采用的手段、取得的效果有着技术性要求,并且在创造性判断时,对未作出技术贡献的特征不予考虑,实质上坚持着较强的技术领域限制。但对技术性的认识是有发展变化的。例如,德国传统上强调"对可支配的自然力的应用",这实际上也是遗留自第一次工业革命时期的观念。但德国联邦最高法院在"关于高端集成电路分层逻辑检验方法"一案中指出,专利法中的"技术性"概念随着技术的发展而变化,对"可支配自然力"的直接应用不是具有"技术性"的必要前提。[1] 这体现出对技术性认识的逐渐发展。

现有技术数据库、有相关专业背景的审查人员队伍建设情况及成本是引入技术领域限制的一些考虑因素。例如,美国在 20 世纪 60 年代考虑计算机程序专利适格性时,当时的总统专利制度委员会认为"专利局现在不能审查对程序的申请,因为缺少分类技术以及所需的检索文件。即使这些可以获得,可靠的搜索也不可行或不经济,因为会搜索到数量庞大的现有技术"。[2] 这些因素不构成绝对化的理由,可以通过建设和制度予以改善。

综上所述,在既有理论框架下,算法专利适格性问题的分析应结合技术创新和产业发展情况,考量算法创新到实际应用直接的距离及是否会造成过宽保护。对"技术领域"的解释则应以"功能性""非美学性"为要件,以发展的眼光看待"技术性"的内涵和外延。

---

〔1〕 BGH 13 December 1999, Case No. X ZB 11/98 Logikverifikation. 参见刘珊、余翔:《德国对计算机执行的发明的专利保护——从立法、判例与实践的角度解析》,载《电子知识产权》2009 年第 8 期。

〔2〕 See Report of the President's Commission on the Patent System, "*To Promote the Progress of Useful Arts*" *In the Age of Exploding Technology*, Report to the Senate Judiciary Committee, S. Doc. No. 5, 90th Cong., 1st Sess (Nov. 17, 1966).

三、智能时代算法专利权保护的发展

(一)从“算法专利适格性”的问题思维转向“算法专利权保护”的法理思维

算法专利适格性,即算法创新应否(能否)受到专利法保护,这一“问题思维”在很大程度上束缚和限制着算法专利权保护的理论研究和实践创新。随着智能科技和产业的发展,“问题思维”正在发生颠覆性变化。

在机械工业时代,算法的专利权保护曾被视为“伪命题”。算法属于抽象的数学,属于基础理论,因而算法本身不受保护,这是专利领域普遍接受的权威命题。该教义建立在信息时代之前的机械时代的技术背景之下。在专利法意义下,其预设前提是,从提出一项算法到产生出可以实用的技术方案,其间存在很大的距离。因此在基础理论与实际应用的界分之中,算法被划分在不受保护的基础理论层面。

对算法专利适格性的真正讨论源自机械时代与信息时代交汇期。信息技术的发展应用,使算法的实用性特征和创新性价值在实践中被感知和确证。算法专利适格性问题逐渐成为一个“真问题”,在大量的审查实践和司法案件中得到讨论,但尚未达成稳定的理论共识。究其根本原因,在于人们的思维和认识囿于机械时代的法教义,而对算法创新对产业发展的重要性认识不够,对“算法与实际应用之间有较大距离”这一先验的前提预设的实证性调研和批判性反思不够。

信息时代与机械时代,在算法到实际应用之间的距离方面具有显著差异。例如,作为现代电子计算机的代表性机械式前身设计,巴贝奇的差分机非常有代表性。其数学原理和具体算法早已非常清楚,但当时加法运算只能通过齿轮等机械零件的组装得以实现,从具体算法到具体实现,还需要进行精细设计、制造和组装。并且以当时的技术水平,特制齿轮和机械部件的精密制造非常困难。因此,尽管算法早已完成,但巴贝奇终其一生也未能实现较复杂的第二代差分机。[1] 然而今天,一个受过基本编程教育的学生就可在几分钟内在计算机上使同样的算法变成实际的工具。这非常直观地展示出在信息时代,从具体算法到具体实现的距离和成本被极大地缩短和降低了。[2]

在"算法泛在"的智能社会,日益丰富多维的数据和日益普遍存在的信息计算设备为算法的实用提供了坚实的基础。一方面,算法不属于专利法意义下的实际应用的前提预设已被技术发展所颠覆,在专利法意义下审视其适格性不应再固守旧工业时代遗留的结论和问题;另一方面,算法创新是充分利用和发挥数据及硬件资源之价值的关键所在,是智能社会运转的基石,是智能社会最具影响力和标志性的先进生产力,以激励创新为目的的专利法,理应以最积极的态度将算法创新包容在其保护对象之中,并进一步在整个专利制度中系统地探究算法专利保护的理念、技术和制度。在人类社会从信息时代步入智能时代的今天,算法专利适格性不仅不应当是个疑问,而且是具有充分正当性的定论。我们必须正视算法创新在当今社会和各个产业中的作用,将研究重点从"算法专利适格性"的问题思维转向"算法专利权保护"的法理思维,确立算法专利权保护的新观念、新思维,为推动算法创新和算法革命厚植理论基石。

(二)破解算法创新与应用实现的绝对二元论,确立相对一元论

如前所述,信息技术发展到今天,从算法到应用实现之间的鸿沟已不复存在。此外,在算法产品形态、"新基建"发展、知识生产理论和"政产学研"合作创新实践等方面有大量事实证明,算法创新与应用实现的差距正在缩小,破解了专利法意义下算法创新与应用实现的绝对二元

[1] 参见吴军:《信息传》,中信出版社 2020 年版,第 56 页。
[2] 目前从算法描述到特定硬件设计也可以通过工具辅助实现。

论,为算法专利权保护提供了正当理由;同时,这些实践也向专利制度为算法创新提供保护提出了需求。

首先,知识生产和科研创新相关理论已突破了基础与应用的绝对二元区分。有研究从知识生产角度探讨了抽象概念与具体应用之间的区分,认为 Stokes 科研模型将科研体系进行了四象限划分,除纯粹的基础研究和纯粹的应用研究之外,还包括“应用驱动的/可转化的基础研究”这一类别,具有科学与技术双重属性。该研究认为人工智能算法可专利性问题实质为对抽象概念实际应用程度的阈值设置问题,并分析了在当前阶段应当给予人工智能算法专利保护的原因。[1] 同时,大学和企业研究院等机构从事的可转化的基础研究在信息技术等创新活跃的领域具有重要意义。在关于高科技领域创新活动的三螺旋创新模型理论下,大学、产业、政府三者相互作用、协作创新、共同发展,而专利制度在三者协作中发挥着重要的作用。[2] 对于人工智能算法这类创新活跃的领域,专利制度应当对保护可转化的基础研究成果予以高度重视。

其次,在以信息技术为主导的产业实践中,通用的共性基础算法和最终具体领域的实际应用之间并不存在很大距离。以人工智能领域为例,有文献将人工智能技术按照“基础设施——算法——技术方向——具体技术——行业解决方案”进行层次划分[3],其中“算法”层指机器学习、深度学习等通用的人工智能算法,其上有计算机视觉、语音处理、自然语音处理等不同的技术方向,每一技术方向又包含若干具体技术,最后被整合为行业解决方案。对于当前的人工智能领域,算法层的创新一旦提出,往往可以被迅速替换、应用于具体技术之中。换言之,智能算

〔1〕 参见狄晓斐:《人工智能算法可专利性探析——从知识生产角度区分抽象概念与具体应用》,载《知识产权》2020 年第 6 期。

〔2〕 参见孙丽伟:《“三螺旋”理论视野下的创新文化培育》,载《中国发明与专利》2019 年第 1 期。

〔3〕 参见腾讯研究院:《人工智能:国家人工智能战略行动抓手》,中国人民大学出版社 2017 年版,第 23 页。

法的直接实现可被称为“信息系统中的组件”(component),这可类比作信息产品的“零部件”。本领域技术人员通常清楚自己的解决方案如何选择和使用“零部件”。故在这种已有许多解决方案的产业领域,算法和实际产业应用之间并不存在很大的距离。

最后,对于通用的共性基础算法在专利法意义下是否属于具体应用的问题,如果考虑信息产品或服务的现实形态,特别是当前“新基建”的发展规划,其结论将更为清晰。通用算法的直接编程使本身即可以作为信息产品或服务来对外提供,而并不必须整合到具体的行业解决方案之中。在信息技术产业的实践中,已有大量通用算法通过商业或非商业的函数库、构件库、开源代码、开放平台等多种形式提供给他人。例如,谷歌的开源机器学习平台 TensorFlow 提供核心开源库,阿里云人工智能平台“机器学习 PAI”、腾讯智能钛机器学习平台等均提供丰富的基础智能算法组件,支持众多具体领域的应用开发。人工智能是我国“新基建”战略部署的七大重点领域之一,可以通过集成了先进算法的开源框架或开放平台,对外提供公共普惠的人工智能相关产品及服务。为保障基础算法发明人的利益,激励通用基础算法创新和技术流通,为技术集成提供明晰的权利和交易结构,促进人工智能关键、基础、核心技术的自主安全可控,有必要为之确立有效的知识产权保护制度。

因此,专利法不仅应保护包含算法的具体行业问题解决方案,对于可以作为最终产品对外提供,并且其本身的创新非常活跃的基础算法,专利制度应明确承认其专利适格性。这可以为算法创新提供更完善的保护,保障和促进技术流通与合作,为算法模块作为产品在市场流通确立产权制度支持、降低交易成本,助力科研、产业、政府间相互协作和创新发展,为人工智能等领域的关键共性基础技术创新、“新基建”战略部署的实现提供必要的制度支撑。

(三)破解算法专利保护过度的疑虑,激励基础算法和核心技术的创新

在以往的专利适格性考量中,常出现对基础算法进行保护会不会导致专利权保护范围过宽因而保护过度的质疑。仔细辨析之下,"保护范围过宽"的理由主要包括以下两类:

其一,认为很多算法或软件相关权利要求过于抽象和笼统、特别是其中经常包含功能性特征,因不够具体而可能覆盖范围过于宽泛。例如莱姆利教授认为,当时美国软件专利的主要问题在于大量专利权利要求是对功能主张权利,而非对具体实现方式主张权利;如果法院能够认真适用法律,将权利要求限制在披露的实际算法及其等同的范围内,就可以防止过度主张权利的问题,进而解决大量的专利门槛问题并有利于软件创新。[1] 前文所述莫杰思教授等提出的"假想抽象权利要求法"实际上也主要针对此类问题。在此方面,我国司法解释中对功能性特征的解释进行了限定[2],相关规则同样适用于算法专利。因此,可以首先对基础算法进行保护,再从"功能性特征"的解释层面予以完善,防止专利权保护范围过宽的问题。

其二,认为如果对基础算法主张权利,就会因为已知和未知的具体应用领域较广而使专利权保护范围过宽。这一观点既缺少实际证据支撑,又忽视了我国当前大力促进关键核心技术创新的必要性和迫切性。一方面,目前并没有可靠证据显示对应用领域广的技术授予专利权必然会导致激励技术研发的社会收益必然小于其代价。实际上,在算法之外的许多领域,都可以看到一项技术可能被用于很多领域,但专利权并未因此而受到保护范围过宽的质疑。例如,锂电池的最终应用领域非常之

---

〔1〕 Mark A. Lemley, *Software Patents and the Return of Functional Claiming*, Wisconsin Law Review, Vol. 2013:4, p. 905 - 906(2013).

〔2〕 参见最高人民法院《关于审理侵犯专利权纠纷案件应用法律若干问题的解释(二)》(2020 年修正)第 8 条。

多，并且可以推测锂电池技术还将被应用于目前未知的新产品之上，但这并未妨碍其成为专利适格的对象。另一方面，我国当前亟须大力加强在基础算法和核心技术层面的创新。近年来，我国高度重视关键技术的创新。习近平总书记指出，要“通过高效合理配置，深入推进协同创新和开放创新，构建高效强大的共性关键技术供给体系，努力实现关键技术重大突破，把关键技术掌握在自己手里”。[1] 此类最终应用领域较广的技术往往可能构成共性关键技术，进而应当成为当前自主创新的重点激励对象。有研究持相近观点，认为相比算法在某领域的具体应用创新而言，基础算法的创新更为关键；激励关键核心技术创新，提高专利质量，是我国当前知识产权发展的重点。[2]

此外，专利制度是一个整体的系统设计，可提供多重约束机制来防止或缓解过度保护的问题。我国《专利法》中规定了强制许可等对专利权的限制，并对标准必要专利的公平、合理、无歧视许可实践提供法律支撑，使在保障专利权人利益的同时对公共利益予以平衡。这些机制可以在很大程度上预防或化解专利权保护范围过宽及其衍生问题。同时，在专利制度之外，我国亦有《反垄断法》等法律进行相应调节，进一步保障市场的良好运行。

综上所述，算法专利权保护是激励基础算法和关键技术层面创新的重要制度。我国在当前阶段理应将基础算法和关键技术层面的创新放在首要地位，以取得关键技术的自主权。最好的制度，应是最能够激励创新的制度。我们应当解放思想，破除对基础算法授予专利权可能导致保护过度的疑虑，对特别值得激励的关键核心技术创新予以保护。

---

〔1〕 习近平：《在中国科学院第十七次院士大会、中国工程院第十二次院士大会上的讲话》（2014 年 6 月 9 日），载人民网，http://politics.people.com.cn/n/2014/0610/c1024－25125483.html。

〔2〕 参见邱福恩：《人工智能算法创新可专利性问题探讨》，载《人工智能》2020 年第 4 期。

(四)算法专利权保护有利于促进算法公开,激励符合伦理的算法创新,造福人类社会

当前人类社会正迈入智能时代,算法在各个领域、各个环节发挥着越来越重要的作用,同时也带来了算法"黑箱"、算法歧视、信息"茧房"、隐私泄露等技术和社会风险。在"公开换保护"的基本理念之上,算法专利权保护应由单纯的技术保护和技术信息传播,迈向对智能时代人类根本利益的观照。算法专利权保护有利于促进算法公开,便利公共监督和算法审查,推动算法研发中对社会伦理价值的考量,同时也能更好地激励符合伦理的、可信的算法创新,推进法律与技术有机融合、协同共治,进一步服务于智能社会发展。这是智能时代算法专利保护的一项重要社会价值,更是智能时代专利制度功能发展的必然方向。

专利制度的功能需要更多从社会意义即社会价值进行考量和创新发展。专利制度最基础的功能在于通过授予权利人一段时期的排他性权利来激励创新,进而增进社会福利。此核心功能在威尼斯元老院 1474 法案之中即已被确立。随着第一次工业革命的兴起,专利申请人逐渐被要求清楚、完整地描述其发明。[1] 1778 年,英国曼斯菲尔德(Mansfield)法官在 Liardet v. Johnson 案中指出专利申请人要清晰完整地描述其发明,其描述必须足以指导同一行业的其他从业者进行同样的生产或制造。"公开换保护"的理念逐渐形成和规范化。这是专利制度功能的一次重要发展,使其由一种重点为社会带来最终产品的制度,转变为能够带来新的"有价值的信息以促进技术繁荣的工具"。[2] 在智能时代,有必要重视促进算法公开对人类根本利益的影

〔1〕 Robert Patrick Merges & John Fitzgerald Duffy, *Patent Law and Policy: Cases and Materials*, 6th edition, Matthew Bender & Company, Inc., 2013, p. 6.

〔2〕 参见张韬略:《英美和东亚专利制度历史及其启示》,载《科技与法律》2003 年第 1 期;张南:《英国工业革命中专利法的演进及其对我国的启示》,载《当代法学》2019 年第 6 期。

响,并以此作为专利制度的一项新的重要目标,来考量算法专利权保护的社会价值。

在提高算法透明度方面,我国有学者指出,在算法规制的工具箱中,算法透明仍然是最为恰切的手段之一;在不同场景中,对于算法透明度的具体实践要求应存在披露程度上的差异。[1] 抛开人工智能算法本身可解释性的难度而言,许多算法本身往往被作为商业秘密来保护。强制性的算法公开要求可能影响其所有者经济价值的实现。这一情况在很大程度上影响了算法透明目标的实现。我国有学者认为,专利法以"公开换保护"的制度"机能"既能够防范"算法权力"的社会风险,也能够激励算法技术的发展。[2] 尽管专利制度不可能在算法透明度方面提供一种根本解决方案,但可以成为有利于促进主动公开、构建利益平衡方面的制度工具。一般而言,促进更多算法设计的公开对算法透明目标而言是有积极意义的。专利制度对算法发明的合理有效保护,可以促使一部分算法创新提早公开。通过公开的专利信息,可以让社会公众、特别是相关领域技术人员及监管机构尽早获知更多的算法设计,更好地发挥公共监督的机能,更有利于发现公开的算法中的问题,帮助希望实施算法的主体对其予以改进;也可为监管者提供更多可供分析的对象,从而提高算法规制的能力。

在促进算法符合伦理的创新发展方面,专利制度不能缺席。法律与科技相结合是算法规制的重要范式。尽管当前人工智能等前沿科技发展迅速,但相较之下,从算法安全性、可解释性、公平性、隐私保护等角度开展的符合社会伦理、可信发展的算法研发活动还不够充分,迫切需要激励更广泛的市场主体去开展相关研发活动。专利制度对相关创新的

---

〔1〕 参见汪庆华:《算法透明的多重维度和算法问责》,载《比较法研究》2020 年第 6 期。

〔2〕 蔡琳:《智能算法专利保护的制度探索》,载《西北工业大学学报(社会科学版)》2019 年第 3 期。

合理有效保护，将能够更好地激励企业在相关领域投入研发。企业在获得专利权之后可以通过直接专利运营或通过将拥有专利权的先进技术纳入标准来实现经济收益。[1] 因此，专利制度需要充分考虑以伦理价值为目标的技术创新的迫切需要，认识到提高算法的公平性、反歧视性也是新型技术问题，避免滥用“技术领域限制”。至于难以对众多非传统技术领域进行实质性审查这一问题，一方面，随着智能检索等技术的发展，跨领域的信息检索能力将不断提升，进一步支撑对相关专利申请的有效审查；另一方面，也可通过制度完善，引入业界力量来保障审查质量。

（五）算法专利权保护有利于专利制度赶上智能时代的创新实践需求

在当今智能时代，透过波澜壮阔的科技竞争的表象可以看到，制度竞争其实是最核心的竞争。正如习近平总书记所言：“当今世界正面临百年未有之大变局，国与国的竞争日益激烈，归根结底是国家制度的竞争”[2]“法律是人类最伟大的发明。别的发明让人类学会驾驭自然，而法律的发明则令人类学会如何驾驭自己。”[3]作为科技领域基本制度的知识产权制度应当在“核心竞争力”的意义上重新定位自己的价值功能，以更积极的作为来引领和保障科技创新和新产业、新业态的发展。

然而，在当前知识产权制度分工之下，著作权只保护“表达”而不保护“思想”，商业秘密保护无法对已公开的算法进行保护，并可能引起竞业禁止等多种问题和纠纷，专利制度则囿于旧工业时代遗留的结论，对算法、特别是共性基础算法缺乏有力、有效的保护。由此，为激励作为智

---

〔1〕 参见张吉豫：《人工智能良性创新发展的法制构建思考》，载《中国法律评论》2018年第2期。

〔2〕 习近平：《坚持、完善和发展中国特色社会主义国家制度与法律制度》，载习近平：《论坚持全面依法治国》，中央文献出版社2020年版，第265页。

〔3〕 Lyndon B. Johnson, *Remarks to the Delegates to the Conference on World Peace Through Law*, September 16, 1965, in Gerhard Peters and John T. Woolley, The American Presidency Project. , https://www. presidency. ucsb. edu/node/240543.

能时代重要生产力代表的算法创新，促进算法公开，有必要在专利制度之中明确算法专利权保护，填补对基础算法创新的保护空白。知识产权制度再也不能成为阻碍算法创新的“绊马索”。解决“卡脖子”关键核心技术，首先要解决“卡脖子”的制度弊端，使基础创新领域充满活力，尤其在“卡脖子”的关键技术领域取得自主权，从而在新一轮科技革命之中占据领先地位，掌握主动权，跟上乃至引领这个大时代的发展。

应当清晰地看到，算法专利权保护是对算法创新进行有效和合理保护的起点和基础。对这一问题应当凝聚起更大程度的理论共识，把研究重心转向如何对算法专利权进行有效保护和必要限制上，对权利要求解释、创造性审查、权利限制、举证责任分配、侵权责任等维度开展系统性研究，对专利制度的各层面予以完善，构建符合时代需要的专利制度；专利制度的充分公开要求也可以更好地支持公众对算法的监督，使算法专利权保护不但对智能时代的重要核心技术创新予以大力激励，亦对智能时代人类根本利益保护提供有益支撑。

我国在新一代产业革命的机遇之中，应在适应时代要求的专利制度的创新发展方面成为领先者，成为国际算法专利权保护标准和规则的制定者。算法专利权保护将推进专利制度大踏步地走向智能时代，实现制度变革，使我国为世界知识产权制度发展作出贡献，实现知识产权领域的良法善治。

四、小结

大数据、人工智能等技术正将各类信息技术进行整合，正发展形成可以综合利用各种数据和硬件资源的“超级软件技术”。软件创新的核心在于算法。算法发明的专利适格性判断是其专利保护面对的首要问题，也是数字经济发展、第四次工业革命之中的一项关键问题。本章基于对算法本质属性的科学分析，立足人工智能产业的现实和“新基建”

发展的时代背景,对算法的专利权问题进行了多维度前瞻性考察分析和法理研究,形成若干基本观点:充分肯定算法的专利适格性,切实加强对算法的专利权保护,既有利于专利权的行使和转让,也可为核心关键技术的创新研发提供更有力的制度激励;通过“公开换保护”的制度创新,促进算法公开,有利于算法规制和造福人类;构建算法专利权保护制度,必将推动知识产权领域的良法善治,更好地贯彻新发展理念,促进中国科技、经济、社会高质量发展;科学设置算法专利权保护的法律标准和审查标准,必将使我国位居智能时代专利制度和知识产权制度的制高点,赢得更多主动权。

第三章　人工智能生成内容在著作权法下的性质界定

不仅人工智能算法等技术创新的知识产权保护问题值得研究，对于人工智能生成内容在知识产权法上的定位也引起了世界范围内的关注。本章首先探讨人工智能生成内容在著作权法下的定位。实际上，对人工智能生产内容的著作权保护问题的讨论由来已久。在20世纪80～90年代的人工智能发展浪潮中，一些发达国家就已针对人工智能产生"作品"在著作权法下的界定及其权利归属问题展开过讨论。但随着技术的发展，21世纪以来，人工智能凭借云计算、大数据以及深度神经网络等机器学习算法，在作品产生的速度和质量方面逐渐有了长足进展，引起了人们的重新重视。国内外许多企业早已应用人工智能来自动撰写新闻稿，例如，2006年美国汤姆森公司用机器人记者撰写经济和金融方面的新闻；美联社早在2014年就启用Wordsmith写作机器人撰写财经报道；2015年腾讯公司的机器人Dreamwriter也开始撰写股市行情等报道；等等。人工智能也能够生成富有艺术性和美感的美术作品，音乐创作也层出不穷。例如，2015年，Jukedeck公司正式推出了基于人工智能合成技术的在线音乐创作应用。在该平台，通过设定音乐类型、心情、乐器、节奏、时间长度等参数，便可以在不到10分钟的时间内自动生成一段音乐，用户如果喜欢可以付费下载。微软公司的创作型机器人小冰还出版了一部诗集：《阳光失了玻璃窗》。[1] 这些发展引起了研究界的重新关注，也引发了诉讼纠纷。而近年来人工智能技术进一步发展，聊天生成式预训练变换器（Chat Generative Pretrained Transformer，ChatGPT）的出现显示了基于大模型的生成式人工智能已经具备了举世瞩目的强大内容生成能力，能够快速生成高质量的文本、图像、音频甚至视频内容，与普通人类作品难以区分，被日益广泛应用于文学创作、新闻撰写、广告设计、音乐作曲、插画海报、短视频创作以及日常各种文件写作等领域。这些进展既为人们打开了新的内容创造探索方式，也引起了法律上的诸多争议。

本章主要探讨人工智能生成内容在著作权法下的定性问题。在著作权法上，有两项主要问题尚未达成共识：(1)人工智能生成内容是否可以构成著作权法意义上的作品，如果可以的话，判断标准为何？(2)如果人工智能生成内容可以构成作品，那么著作权应归谁所有？由于一些研究者提出，应当将人工智能拟制为法律主体，认定其为其生成内容的作者，因此本章首先对这一问题进行讨论，再聚焦人工智能生成内容的著作权法上的定性。

一、人工智能的法律主体资格问题

随着人工智能技术的发展和应用，人工智能的法律主体资格问题引起了法学研究者和立法机构的关注和讨论。在当前阶段，人工智能已经能够凭借强大的计算和学习能力在围棋等游戏中完全战胜人类，甚至在诗歌创作、图片创作等领域展示出可以和人类相当的“创造性”，微软的机器人小冰还出版了一本诗集，但也出现了学习网络用户辱骂性言语的

〔1〕 该诗集中有一些诗篇在当时被较广流传，例如，“向着城市的灯守着我/咬破了冷静的思想/你的眼睛里闪动/无人知道的地方”。《青年文学》执行主编张菁读后感慨，她给我们更多的刺激，给我们更多的冲撞，给我们更多的愿景，让我们觉得，原来语言还可以这样的组合，原来我们的世界还可以有这样的走向。它给我们呈现一个让我们觉得特别新奇的世界。

情况；人工智能也已经被大量应用在发明创造领域，可以自动生成技术方案和产品外观设计；自动驾驶车辆、智能服务机器人等可以根据环境和目标来决策并行动的人工智能体（intelligent agent）则可能导致人身、财产（包括知识产权）的损害。由此引发了人工智能生成内容能否构成著作权法意义上的作品以及人工智能能否被认定为作者以及著作权人、人工智能能否被认定为专利法意义上的“发明人”、人工智能致人损害责任应否归于人工智能等问题的讨论。

我国国务院于2017年发布的《新一代人工智能发展规划》提出要“开展与人工智能应用相关的民事与刑事责任确认、隐私和产权保护、信息安全利用等法律问题研究，建立追溯和问责制度，明确人工智能法律主体以及相关权利、义务和责任”。欧洲议会在《机器人技术民事法律规则》第59条呼吁欧盟委员会在对其未来的立法文书进行影响评估时，探索、分析和考虑所有可能的法律解决方案的影响，其中f款提出从长远来看，考虑为机器人创建特定的法律地位，至少最精密的自动机器人可以被确立如“电子人”（electronic persons）的法律地位，负责弥补它们可能造成的任何损害，并可能将电子人格（electronic personality）应用于机器人做出自动化决策或以其他方式独立地与第三方互动的情景。[1] 沙特阿拉伯则授予了机器人“索菲亚”公民身份，尽管其中娱乐性意味可能更强，但引起了世界范围的热议。

（一）法律主体资格的理论基础

法律主体资格或法律人格，是指法律认可的享有权利、承担义务的

---

〔1〕 European Parliament, “Civil Law Rules on Robotics”, P8_TA(2017)0051, http://www.europarl.europa.eu/doceo/document/TA-8-2017-0051_EN.html? redirect. 该规则鉴于条款中AA条将机器人的自主性定义为在不受外部控制或影响的情况下，进行决策并在外部世界实施该决策的能力。AB条提出，机器人越具有自主性，就越不能被视为其他主体手中的简单工具。这也提出了传统责任规则是否充分的问题。

资格,包括自然人主体、拟制主体两类。[1] 法律意义上的“主体”与自然人并不是相等的概念,而是经过了不断的认识和发展。古罗马、古印度以及我国古代,都曾对奴隶的法律主体资格予以了否认。随着哲学和法学的发展,近现代法律制度确立起自然人的平等地位和主体资格,并将法律主体扩展至法人和非法人组织。学界对法律主体资格的实质条件主要围绕着本质条件和附加条件两项展开。

1. 本质条件:法律主体须具有自由意志

现代法学中的主体概念源自哲学领域的主体概念。德国学者指出,民法上的“人”是从伦理学上的人的概念出发的,“这一概念的内涵是:人依其本质属性,有能力在给定的各种可能性的范围内,自主地和负责地决定他的存在和关系、为自己设定目标并对自己的行为加以限制。这一思想既源于基督教,也源于哲学。”[2]我国哲学家高清海指出:“究竟什么是‘主体’? 在哲学术语中说得很复杂。其实道理很简单,核心一点,就是能否成为你自己生命活动的主人。你做到了这一点,就能通过生命活动去支配外界对象,你就是主体;你如果连本能都不能超越,只是生命本能活动的奴隶,那么,你就不会有主体性。这就是‘主体’的原始含义,它同人之为人的本性是联在一起的。”[3]这些论述要点可以归纳为具有自由意志。许多学者指出,现代法学上的主体概念是以意志自由为核心而建构的。[4] 首先,自由意志是承担法律责任的重要的正当性基础。法的主要功能是调整人的行为,通过确认权利、义务和责任的归

---

[1] 参见彭诚信:《人工智能的法律主体地位》,载《人民法治》2018 年第 18 期。

[2] 参见[德]卡尔·拉伦茨:《德国民法通论》(上册),王晓晔等译,法律出版社 2003 年版,第 45 ~46 页。

[3] 高清海:《重新认识“人”》,载本书编委会编:《中国大学人文启思录》第 3 卷,华中理工大学出版社 1999 年版,第 197 页。

[4] 参见李琛:《论人工智能的法学分析方法——以著作权为例》,载《知识产权》2019 年第 7 期;彭诚信、陈吉栋:《论人工智能体法律人格的考量要素》,载《当代法学》2019 年第 2 期;刘练军:《人工智能法律主体论的法理反思》,载《现代法学》2021 年第 4 期;等等。

属,引导人的行为选择。权利、义务和责任的承受,只有基于“人有行为的自由”这一前提,才具有正当性。[1] 其次,自由意志划分了主体与客体,使人不成为他人支配的对象,保证了“人是目的”这一伦理原则。[2] “将两个事物分别称为主体和客体,理由只能是:其中一方能在另一方实现自己的意志。”[3]

2. 附加条件:法律主体须拥有从事特定活动相应的财产或其他必要条件[4]

拥有从事特定活动相应的财产或其他必要条件,并不是源自哲学意义上的主体概念,主要是依据主体承担责任、完成相应活动所需条件而提出的具体要求。一般而言,对于从事经营活动的主体,可以拥有一定的财产是必要条件。通常这些要求都可以通过法律拟制等方式来实现。

(二)当前阶段人工智能的法律主体资格问题

在当前阶段,人工智能本身并不具有自由意志,这是一项基本共识。尽管当前以机器学习为代表的一些人工智能技术在一定程度上可以不断“学习”、可以根据环境而进行决策,而非机械执行由人设计好的具体规则,但本质上其行为仍然是全然由人类决定的。尽管设计者、使用者未必能够全部理解人工智能的行动,但在具有训练数据和全部运行时刻变量的情况下,可以完全计算出人工智能的输出。人工智能无法自主地、负责地决定自己的行为,而只是对于他人事先安排好的算法、训练数据和运行时刻的输入的机械响应。因此,当前人工智能自身并无自由意志。

---

〔1〕 参见李琛:《论人工智能的法学分析方法——以著作权为例》,载《知识产权》2019年第7期。

〔2〕 参见李琛:《论人工智能的法学分析方法——以著作权为例》,载《知识产权》2019年第7期。

〔3〕 李锡鹤:《民法原理论稿》,法律出版社2009年版,第17页。

〔4〕 参见彭诚信:《论民事主体》,载《法制与社会法制》1997年第3期。

为人工智能设置意思机关、拟制为法律上的主体，是可以进一步探讨的制度构建方案。法律上拟制主体的主要目的是进行必要的权利义务界定，使该拟制主体可以享有权利、承担责任，进而实现一定的规范目的。在此前提下，是否应将人工智能拟制为法律主体，需要分析其是否有助于实现预期的规范目的，从必要性和可行性两方面进行探讨。

从必要性上看，需探寻法人制度的基本功能和目的，进而探讨将人工智能拟制为法人是否有助于该功能、目的的实现。从可行性上，如果要将人工智能拟制为法律主体，需要设置合适的意思机关来使其具有意志。关于法人制度功能有多种学说。在探讨人工智能的主体资格问题中，比较常见的理由有以下几个方面：

首先，有观点认为，将人工智能拟制为法律主体，可以为人工智能设立保险或建立储备金，用于赔偿人工智能引发的损害。[1] 实际上，不将人工智能拟制为法律主体，也可以建立类似制度。如果想证成将人工智能拟制为法律主体，需要考虑意思机关如何设置，是否能够更有利于不断加强风险防控、降低风险等社会欲求之目的。

其次，与之相关的另一类观点为，将人工智能拟制为法律主体，有助于明确人工智能研发者、所有者、使用者对于人工智能引发损害的责任边界，建立有益的利益平衡，进而促进人工智能产业的发展。例如，有观点指出，“无人机、无人艇、自动驾驶汽车……出现事故后损害赔偿责任的分配也会直接关乎研发人员的利益。若要研发人员直接承担责任甚至承担完全责任的话，显然不利于人工智能的研发。”[2] 不将人工智能拟制为法律主体，并不意味着研发人员要无条件承担全部责任。同时，面对人工智能可能带来的社会风险，以及人工智能技术仍在飞速发展、

---

〔1〕 参见[美]约翰·弗兰克·韦弗：《机器人是人吗?》，刘海安等译，上海人民出版社2018年版，第34页。

〔2〕 彭诚信、陈吉栋：《论人工智能体法律人格的考量要素》，载《当代法学》2019年第2期。

而可信人工智能支撑技术发展还不充分的现状,合理分配责任,促进可信人工智能发展,是一项重要的法律秩序构建目标。我们既不能对研发者、适用者施以过重责任,也不能简单以在大部分情况下免除研发者等的责任来"促进"产业发展。在研发者、部署者、使用者等相关主体之间,基于过错和风险控制能力来进行合理的责任分配,仍然是具有较高共识的制度方案。

因此,如果要将人工智能拟制为法律主体,需要针对具体场景进行充分的必要性与可行性论证,以明确这一制度安排优于现行制度安排及其他已知可能的制度安排。在目前来看,对此尚缺乏相关的充分论证。在当前阶段,不宜轻易将人工智能拟制为法律主体。因此,尽管生成式人工智能展示了强大的能力,其生成的内容现在已经和人类作品难以区分,仍然应当将其看作工具而非主体,不应将人工智能生成内容的权利归属于人工智能。

二、我国著作权法对于作品界定的基本规则

我国《著作权法》第 3 条规定,作品是指"文学、艺术和科学领域内具有独创性并能以一定形式表现的智力成果"。该条款规定了作品的四个要件:在文学、艺术和科学领域内,具有独创性,能以一定形式表现,智力成果。通常而言,人们对于判断人工智能生成的诗歌、图画、音乐等内容是否满足属于"在文学、艺术和科学领域内"以及"能以一定形式表现"这两个要件并不存在争议,争议点集中在其是否构成具有独创性的智力成果上。

同时,我国《著作权法》第 11 条规定:"著作权属于作者,本法另有规定的除外。创作作品的自然人是作者。由法人或者非法人组织主持,代表法人或者非法人组织意志创作,并由法人或者非法人组织承担责任的作品,法人或者非法人组织视为作者。"《著作权法实施条例》第 3 条

规定:“著作权法所称创作,是指直接产生文学、艺术和科学作品的智力活动。为他人创作进行组织工作,提供咨询意见、物质条件,或者进行其他辅助工作,均不视为创作。”这既为确定作者和著作权人确立了规则,也进一步界定了“创作”的概念。然而此处对于“创作”概念的界定,主要目的和功能在于厘清在法律上谁是应被认定为作者、获得著作权的主体,以明晰权利归属,并非聚焦在判断是否为自然人创作上。

人工智能的发展引起了对于法律上是否要求作品是自然人创作这一问题的关注。《北京市高级人民法院侵害著作权案件审理指南》(2018)第二章第2.1条规定,审查是否构成作品时,一般考虑如下因素:(1)是否属于在文学、艺术和科学范围内自然人的创作;(2)是否具有独创性;(3)是否具有一定的表现形式;(4)是否可复制。其中第一项因素就包括了是否属于“自然人的创作”。由此可见,北京市高级人民法院认为著作权法上保护的作品必须是自然人创作的。尽管这一审理指南并非正式的法律渊源,但其对北京市各级法院的案件审理有很强的指导作用。然而这一规则并未直接结束这场争论。一方面,这一规则受到了一些质疑和挑战。另一方面,即使是在认同应当坚持“自然人创作”要件的法律人中,也存在关于判断一个“作品”是否为自然人创作的规则和理论的分歧。

三、我国人工智能生成内容相关司法发展

近年来,我国有三个涉及人工智能生成内容是否构成作品的比较重要的司法判决,每个判决都引起了法律界的广泛讨论,对进一步明确判断标准具有积极的推动意义。这三个案件的案情、裁判观点和论证都有一些不同,但都认同著作权法上保护的“作品”应当是自然人创作的。

(一)威科先行案

在北京菲林律师事务所诉北京百度网讯科技有限公司著作权侵权

纠纷案(以下简称威科先行案)[1]中,原告北京菲林律师事务所发布了《菲林|影视娱乐行业司法大数据分析报告——电影卷·北京篇》,对电影行业案件数据进行了分析,从电影行业案件数量年度趋势、北京各级法院审理电影行业案件数量分布等角度进行了数据分析结果的呈现和说明。被告运营的平台上,有用户发布了该分析报告,原告起诉被告侵权,请求判令被告立即停止侵权,删除该用户发布的涉案报告。被告在抗辩中提出,涉案文章是威科先行数据库的算法自动生成的,不具有独创性;原告不是本案的适格主体。

尽管该案中法官最终认定该报告不是机器自动生成的,但法官在本案中仍然针对数据库自动生成的此类分析报告是否构成作品进行了论述。主要包括如下要点:

1. 该报告具有独创性。涉案报告符合文字作品的形式要求,涉及的内容体现出针对相关数据的选择、判断、分析,具有一定的独创性。

2. 该报告不构成作品。具备独创性并非构成文字作品的充分条件。自然人创作完成仍应是著作权法上作品的必要条件。威科先行数据库自动生成的分析报告的生成过程有两个环节有自然人作为主体参与,一是软件开发环节,二是软件使用环节。报告未传递软件研发者或软件使用者的思想、感情的独创性表达,不能认定为软件研发者(所有者)或使用者创作完成。

同时,法官在判决中对如何保护和规范人工智能生成内容提出了意见:

1. 应从保护公众知情权、维护社会诚实信用和有利于文化传播的角度出发,在分析报告中添加生成软件的标识,标明系软件自动生成。

2. 虽然分析报告不构成作品,但不意味着其进入公有领域,可以被

---

[1] 北京菲林律师事务所诉北京百度网讯科技有限公司著作权侵权纠纷案,北京互联网法院(2018)京0491民初239号民事判决书。

公众自由使用。分析报告的产生既凝结了软件研发者（所有者）的投入，也凝结了软件使用者的投入，具备传播价值。如果不赋予投入者一定的权益保护，将不利于对投入成果（分析报告）的传播，无法发挥其效用。对于软件研发者（所有者）来说，其利益可通过收取软件使用费用等方式获得，其开发投入已经得到相应回报；且分析报告系软件使用者根据不同的使用需求、检索设置而产生的，软件研发者（所有者）对其缺乏传播动力。因此，如果将分析报告的相关权益赋予软件研发者（所有者）享有，软件研发者（所有者）并不会积极应用，不利于文化传播和科学事业的发展。

由裁判文书的说理过程可见，该案中法官认为“独创性”和“自然人创作”是两个独立的条件，这与北京高级人民法院的指南表述一致。体现了对“独创性”判断采取对客体形式和具体内容进行审查的判断方法。“自然人创造”被看作一个独立条件进行判断。该案中，法官认定了该报告具有独创性，但是不是自然人创作，更进一步印证了该案法官对于“独创性”判断采用客体视角审查的方法。

同时，该案裁判文书也体现出法官在判断一个“作品”是不是“自然人创作”的时候，主要判断该作品是不是传递了自然人的思想、感情的独创性表达。并且法官提出了明确排除的内容：利用输入的关键词与算法、规则和模板结合形成的分析报告不构成作品。

（二）Dreamwriter 案

在深圳市腾讯计算机系统有限公司诉上海盈讯科技有限公司侵害著作权及不正当竞争纠纷案[1]（以下简称 Dreamwriter 案）中，涉案文章是一篇题为《午评：沪指小幅上涨 0.11% 报 2671.93 点　通信运营、石

---

〔1〕 深圳市腾讯计算机系统有限公司诉上海盈讯科技有限公司侵害著作权及不正当竞争纠纷案，广东省深圳市南山区人民法院（2019）粤 0305 民初 14010 号民事判决书。

油开采等板块领涨》的财经报道，系腾讯 Dreamwriter 智能机器人自动撰写完成。该文章内容为："腾讯证券 8 月 20 日讯，沪市小幅上涨，最高触及 2691.73 点，最低下探 2658.21 点。截至午间收盘，沪指收报 2671.93 点，涨幅 0.11%，成交量 640.06 亿元；深成指报 8312.31 点，创年度新低，跌幅 0.54%，成交量 843.87 亿元；创业板指报 1418.70 点，创年度新低，跌幅 1.09%；上证 50 指数 2390.77 点，涨幅 0.7%……"原告认为，生成该文章的 Dreamwriter 智能写作助手系原告开发，文章是原告主持创作人员使用 Dreamwriter 智能写作助手完成，故原告在官网发表涉案文章时采用末尾注明"本文由腾讯机器人 Dreamwriter 自动撰写"的方式，表达文章属原告法人意志创作。因此，涉案文章系由原告主持，代表原告意志创作，并由原告承担责任的作品，原告依法应被视为涉案文章的作者，涉案文章作品的著作权归原告所有。

法院在该案中支持了原告观点，认定涉案文章构成著作权法意义上的作品，系腾讯公司的法人作品。主要要点如下：

1. 涉案文章外在表现符合文字作品的形式要求，其表现的内容体现出对当日上午相关股市信息、数据的选择、分析、判断，具有一定的独创性。

2. 对创作过程的界定：涉案文章的生成过程主要经历数据服务、触发和写作、智能校验和智能分发四个环节。在上述环节中，数据类型的输入与数据格式的处理、触发条件的设定、文章框架模板的选择和语料的设定、智能校验算法模型的训练等均由主创团队相关人员选择与安排。涉案文章的创作过程与普通文字作品创作过程的不同之处在于创作者收集素材、决定表达的主题、写作的风格以及具体的语句形式的行为也即原告主创团队为涉案文章生成作出的相关选择与安排和涉案文章的实际撰写之间存在一定时间上的间隔。法院认为，涉案文章这种缺乏同步性的特点是由技术路径或原告所使用的工具本身所具备的特性所决定的。原告主创团队相关人员的上述选择与安排符合著作权法关于创作的要求,应当将其纳入涉案文章的创作过程。根据我国《著作权法实施条例》第 3 条的规定,著作权法所称创作,是指直接产生文学、艺术和科学作品的智力活动。据此,具体认定是否属于创作行为时应当考虑该行为是否属于一种智力活动以及该行为与作品的特定表现形式之间是否具有直接的联系。

3. 从整个生成过程来看,如果仅将 Dreamwriter 软件自动生成涉案文章的这两分钟时间视为创作过程,确实没有人的参与,仅仅是计算机软件运行既定的规则、算法和模板的结果,但 Dreamwriter 软件的自动运行并非无缘无故或具有自我意识,其自动运行的方式体现了原告的选择,也是由 Dreamwriter 软件这一技术本身的特性所决定的。如果仅将 Dreamwriter 软件自动运行的过程视为创作过程,这在某种意义上是将计算机软件视为创作的主体,这与客观情况不符,也有失公允。因此,从涉案文章的生成过程来分析,该文章的表现形式是由原告主创团队相关人员个性化的安排与选择所决定的,其表现形式并非唯一,具有一定的独创性。

Dreamwriter 案具有一定的特殊性。根据裁判文书中对事实判断的认定,Dreamwriter 的主创团队可能对于文章中采取怎样的框架和句式等方面都具有比较直接的控制力,该案也是以自用为使用场景。该案中,法院提出了对于“创作”的理解:具体认定是否属于创作行为时应当考虑该行为是否属于一种智力活动以及该行为与作品的特定表现形式之间是否具有直接的联系;为涉案文章生成作出的相关选择与安排和涉案文章的实际撰写之间存在一定时间上的间隔等因素不能够否定行为属于创作。在此基础上,论述了涉案文章的表现形式系原告主创团队相关人员个性化的安排与选择所决定。

(三)Stable Diffusion 案

2023 年 11 月,北京互联网法院审理了我国首例使用基于大模型的生成式人工智能 Stable Diffusion 生成图片的著作权纠纷案件——李某与刘某作品署名权和信息网络传播权纠纷案(以下简称 Stable Diffusion 案)〔1〕。该案是我国关于大模型生成内容在著作权法下定性的第一案,也是这一领域的一项经典判决,在世界范围内均产生了影响。其中的关键争议焦点即为原告使用 Stable Diffusion 通过输入提示词的方式生成的涉案图片"春风送来了温柔"是否属于受著作权法保护的作品,以及原告是否为著作权人。在本案中,原告使用的是拥有较高知名度的生成式人工智能 Stable Diffusion。原告希望使用 Stable Diffusion 画出一幅在黄昏的光线条件下具有摄影风格的美女特写,输入了一系列关于艺术类型、图片主体、人物细节、环境特征、人物呈现方式、图片风格等方面的细致提示词,同时设置了相关参数,根据初步生成的图片,又增加了提示词、调整了参数,最终选择了一幅自己满意的图片。

在该案中,法院裁定该图片可以构成著作权法保护的作品,原告是该作品的著作权人。

在作品认定方面,法院首先论述了该图片构成智力成果。法院指出,从原告构思涉案图片起,到最终选定涉案图片止,这整个过程来看,原告进行了一定的智力投入,比如设计人物的呈现方式、选择提示词、安排提示词的顺序、设置相关的参数、选定哪个图片符合预期等。

其次,法院认为该图片满足独创性要件。法院认为,"独创性"要求作品由作者独立完成,并体现作者的个性化表达。"机械性智力成果"应当被排除在外。利用人工智能生成图片,是否体现作者的个性化表达,需要个案判断,不能一概而论。一般来说,人们利用 Stable Diffusion 类模型生成图片时,其所提出的需求与他人越具有差异性,对画面元素、布局构图描述越明确具体,越能体现出人的个性化表达。该案中图片系

〔1〕 李某与刘某作品署名权和信息网络传播权纠纷案,北京互联网法院(2023)京 0491 民初 11279 号民事判决书。

原告独立完成,并且体现了原告的个性化选择,因而满足独创性要求。

再次,法院对于时代的发展进行了回应。法院指出,生成式人工智能技术让人们的创作方式发生了变化,这与历史上很多次技术进步带来的影响一样,技术的发展过程,就是把人的工作逐渐外包给机器的过程,技术越发展,工具越智能,人的投入就越少,但是这并不影响我们继续适用著作权制度来鼓励作品的创作。鼓励创作,被公认为著作权制度的核心目的。只有正确地适用著作权制度,以妥当的法律手段,鼓励更多的人用最新的工具去创作,才能更有利于作品的创作和人工智能技术的发展。法院指出,人们利用人工智能模型生成图片时,本质上仍然是人利用工具进行创作,即整个创作过程中进行智力投入的是人而非人工智能模型。人工智能生成图片,只要能体现出人的独创性智力投入,就应当被认定为作品,受到著作权法保护。

最后,法院针对法律界就此问题提出的一项重要不同意见进行了回复。法院指出,尽管在我国,委托人指导或委托他人进行创作时,通常受托人是作者,但使用人工智能进行创作与此不同。前一场景中,受托人有自己的意志,换言之,前者包含了委托人和另一个主体——受托人的关系;后者中,人工智能只是工具,“不具备自由意志,不是法律上的主体”,即整个创作过程中进行智力投入的是人(使用人工智能工具的人)。在作者和权利人认定方面,法院辨析了对这一过程有智力投入的主体包括大模型的研发者和使用大模型生成涉案作品的使用者。法院指出,大模型的研发者的智力投入体现在人工智能模型的设计上,即体现在“创作工具”的生产上,而不是涉案图片上,因此不是涉案图片的作者。此外,涉案人工智能模型的设计者,在其提供的许可证中表示,“不主张对输出内容的权利”,可以认定设计者亦对输出内容不主张相关权利。

四、人工智能生成内容可版权性规则的国际比较

(一)英国对“计算机生成作品”的著作权保护规定

英国在应对计算机生成内容的著作权问题时,就进行了一些比较早的立法工作。英国1988年《版权、外观设计与专利法案》中规定了“计算机生成作品”(Computer-Generated Work,CGW),将其界定为在不存在任何自然人作者的情况下,由计算机运作生成的作品,[1]并规定,如文学、戏剧、音乐或艺术作品是由计算机生成的,则将操作必要程序使作品得以产生的人(对创作进行必要安排的人)被视为作者,[2]此类计算机生成作品的保护期为自作品完成之年的12月31日起50年,[3]且著作权人不享有署名权和保护作品完整权。[4]

人工智能的飞速发展,引起了英国知识产权界的关注。2021年,英国知识产权局公开就人工智能与著作权和专利权之间的互动与影响广泛征集意见与问题,主要包括三个重点问题:(1)没有人类作者的计算机生成作品的版权保护;(2)文本和数据挖掘的版权许可或例外;(3)人工智能发明的专利保护。关于第(1)项,英国知识产权局提出了三个选项:①维持现状;②取消保护;③用更小保护范围或更短保护期的条款来替换现在的条款。

在研究过程中,英国知识产权局指出其审查的重点在于现行法律在激励和回报对人工智能创意的投资方面是否达到了正确的平衡。正如英国知识产权局在影响评估报告中所述,著作权保护具有不同的理论基础。对于英国等普通法系国家,著作权主要被认为是一种激励和回报创

---

〔1〕 英国1988年《版权、外观设计与专利法案》第178条。

〔2〕 英国1988年《版权、外观设计与专利法案》第9条第3款。

〔3〕 英国1988年《版权、外观设计与专利法案》第12条第7款。

〔4〕 英国1988年《版权、外观设计与专利法案》第79条第2款c项和第81条第2款。

造的经济工具。著作权的确会使希望使用受保护材料的第三方付出成本(提高价格、减少竞争)。然而,如果没有保护,知识创造就很容易被复制,从而降低了创造或投资创造的积极性。只有在激励创造性内容的创作和传播的整体利益大于更广泛的成本时,才应提供著作权。有些不对计算机产生的作品提供保护的国家,如美国,其法律表明,对计算机生成的作品提供著作权保护并非必要。对于人类创作的作品,著作权可能会产生额外的激励作用,因为它可以为作者带来基于其作品的物质回报和公众认可。英国知识产权局同时指出:保护计算机生成作品的经济学理由是,它为私营企业投资的生产提供了激励。英国著作权法中计算机生成作品保护的受益者是那些"为作品的创作做出必要安排的人"。这些人通常不是人工智能软件的开发者,而是那些向软件输入参数以生成输出的人。维持对计算机生成作品的保护意味着这些人有可能从计算机生成作品的创作和权利中获利。如果计算机生成作品的保护提供了经济激励(利润),那么这种经济激励也可能适用于对计算机生成作品生产的投资。[1]

2022 年 6 月,英国知识产权局对相关问询进行了回应,明确指出对于计算机生成的作品,英国知识产权局目前不打算修改法律,目前没有证据表明对计算机生成的作品进行保护是有害的,并且人工智能的使用仍处于早期阶段,因此,不可能对前述制度选项进行适当的评估,任何变化都可能产生意想不到的后果。英国知识产权局表示将继续审查法律,如果有证据支持,会在未来考虑修改、替换或取消对计算机生成内容的保护。

事实证明,英国知识产权局对人工智能发展变化的判断是正确的。2022 年年末,ChatGPT 的出现展示了生成式人工智能技术取得的极大

[1] See UKIPO, *Impact assessment*, https://assets. publishing. service. gov. uk/media/617bfda2d3bf7f55fc098f73/impact-assessment. pdf, p. 8 – 21 (Last Visited on Jun. 1,2024).

进步。技术发展的迅速的确使任何在动态发展过程中的精确评估都可能是徒劳的。因此,法律不得不在信息不充分的基础上作出合理判断。

(二)欧盟对人工智能辅助生成内容定性的“四步测试法”

欧盟也非常重视人工智能生成内容能否构成作品及权属相关问题。2020年,欧盟委员会发布了《人工智能的趋势与发展:对知识产权框架的挑战》。[1] 该报告认为,当前的人工智能技术尚未达到需要实质修改著作权法的程度,目前欧盟的著作权制度足以应对眼下人工智能带来的挑战。就未来可能的立法动向而言,邻接权制度可能会为人工智能生成内容提供保护。

在针对人工智能辅助生成内容的可版权性判断中,报告提出了“四步测试法”,认为人工智能辅助生成内容在满足这四项标准时才构成“作品”:(1)生成内容属于文学、艺术或科学领域;(2)生成内容中包含人类的智力努力;(3)生成内容具备独创性或创造性(创造性的选择);(4)生成内容属于一种表达。

根据该“四步测试法”,人工智能生成内容能否属于著作权法意义上的“作品”,主要取决于第二步和第三步。对于第二步,报告指出,正如此前欧盟法院在“Painer案”[2]中所述,在机器或设备的帮助下创作具有作者身份的作品是完全有可能的。报告进而指出,“人工智能辅助的输出将始终与某种形式的人为干预密切相关,无论是人工智能软件的开发、训练数据的收集和选择、功能规范的制定、监督创意过程、编辑、策展、后期制作等。即使人类干预和人工智能辅助输出之间的联系越来越

---

〔1〕 European Commission, *Trends and Developments in Artificial Intelligence: Challenges to the Intellectual Property Rights Framework*, Final Report, https://digital-strategy.ec.europa.eu/en/library/trends-and-developments-artificial-intelligence-challenges-intellectual-property-rights-framework (Last Visited on Jun. 1, 2024).

〔2〕 Case C–145/10, Eva-Maria Painer v. Standard VerlagsGmbH and Others, 1 December 2011.

遥远,在这个时间点上,很难想象通过人工智能生成的内容不涉及任何人类代理。现在和不久的将来的问题是,一个自然人参与人工智能辅助的产出——无论多么遥远——是否足以使其成为一种智力创造”。因此,判断的重点就放在了第三步,即“独创性”的判断。

关于独创性,欧盟法院曾指出,“如果作者能够在作品的生成过程中通过自由的且有创造性的选择来展示他的创作能力”,就满足了这一标准。报告认为,“这里强调的是(先验地)存在足够的创作空间,而不是生成本身的创造性。”由于独创性的要求非常低,因此,“只要外部强加的基于规则的、技术的、功能的或信息的限制不排除创作自由,生成内容的独创性基本上是给定的”。最后报告就第三步的判断得出结论,“人工智能辅助输出的独创性将取决于生产过程是否涉及反映在最终结果中的人类作者的创造性选择。”〔1〕

可以看到,“四步测试法”基本是对著作权法中作品要件的拆分陈述。按照该报告对于“智力努力”和“独创性”的解读,大量的人工智能辅助生成内容都可以满足四步测试。当然,该报告是在这一轮基于大模型的生成式人工智能迅猛发展之前的结论,但仍然是具有代表性的观点。

(三)美国对人工智能生成内容可版权性的立场

美国版权局和地方法院均对人工智能生成内容的可版权性问题做出过正式决定或判决。早期的“猴子自拍案”也是人们在讨论人工智能生成内容可版权性问题时经常援引的相关案例。在该案中,一名英国摄影师大卫·史莱特(David Slater)在2011年前往印度尼西亚,拍摄一种

〔1〕 European Commission, *Trends and Developments in Artificial Intelligence: Challenges to the Intellectual Property Rights Framework*, Final Report, p. 78 – 79, https://digital-strategy.ec.europa.eu/en/library/trends-and-developments-artificial-intelligence-challenges-intellectual-property-rights-framework(Last Visited on Jun. 1,2024).

黑冠猕猴的照片，后来猴子拿着他的相机拍摄了数百张自拍照，其中有一些不错的照片。史莱特也基于这些照片获得了一些版费收入。后来著名的动物权利保护机构在美国提起了诉讼，代表拍摄自拍照的猕猴主张自拍照的版权应该归该猕猴所有。[1] 史莱特则主张自己花费了旅费、设备费等支出，并且前期后期工作都是他完成的，一般而言，拍摄近万张照片中可能才有一张能够令其获得金钱回报，剥夺著作权将使这样的摄影工作无法开展。一审法院以"动物并没有被包含在版权法的所有者之中"为由驳回了原告的诉讼请求。后来该案和解。但对于猴子自拍照的可版权性及权利归属问题仍在继续，并在人工智能时代可能产生更广泛的影响。

新一轮人工智能发展之后，美国版权局已经收到了众多包含人工智能生成内容的版权登记申请，因此对人工智能生成内容是否可以构成版权保护的作品问题高度重视。有两项人工智能生成内容的版权登记相关争议引发了广泛的关注和讨论：一是"最近的天堂入口"（A Recent Entrance to Paradise）案，二是"黎明的查莉娅"（Zarya of the Dawn）案。

1. "最近的天堂入口"案

2018 年，美国发明家斯蒂芬·塞勒（Stephen Thaler）博士通过其公司"想象引擎"（Imagination Engines）开发的人工智能系统 DABUS（创意机器），生成了美术作品"最近的天堂入口"，并向美国版权局提交了版权登记申请。塞勒博士在申请中说明，该作品完全由人工智能 DABUS 自主生成，可以将 DABUS 列为作者，由于塞勒博士自身为该人工智能的所有人，因而该作品可以作为塞勒博士的雇用作品来进行版权登记，著作权归于塞勒博士。2019 年 8 月 12 日，美国版权局以"该作品缺乏获得版权保护的必要人类作者"（lacks the human authorship necessary to support a copyright claim）为由拒绝了塞勒博士的申请。塞

〔1〕 Naruto v. Slater, 888 F. 3d 418, 426 (2018).

勒博士随后申请版权局重新审查,认为"人类作者"的要求不存在于任何法规之中,版权局的决定违反美国宪法。版权局则以同样的理由又驳回了塞勒博士的版权申请,并补充说明"人类创作"是美国版权法自首次公布以来始终贯彻的规则。此后,塞勒博士继续要求复议,美国版权局审查委员会详细解释了"人类创作"要求的制度来源,并最终驳回了塞勒博士的版权登记申请。塞勒博士对美国版权局的不予注册的决定不服,遂向法院提起诉讼。

美国哥伦比亚特区地方法院法官豪威尔(Beryl A. Howell)在判决中支持了美国版权局的决定,裁定涉案作品不能受到版权法的保护。豪威尔法官指出,尽管版权法的现代版本已经展示了适应技术发展的可延展性,但这种适应性的基础是一种一致的理解,即人类创造力是可版权性的核心必要条件,版权保护从来没有延伸到由没有人类指导的新技术产生的作品。豪威尔法官进一步解释论述,首先,美国宪法授权国会通过保障作者和发明者对其作品和发明的有限期的排他权,来促进科学和实用技艺的发展。即赋予版权保护的核心目标是通过激励人类的创造活动,来促进社会、科学和文化发展。在这一意义上,"非人类的行为者不需要法律规定的专有权承诺来激励",也不是设计版权法的目标。其次,"作者身份"(authorship)等同于人类创作的理解在版权法的发展中始终不曾改变。1909 年美国版权法中明确规定,只有"人"(person)才能"对其作品获得版权"。美国联邦最高法院也始终坚持人类作者身份的要求。在 1884 年的"萨洛尼摄影作品版权案"[1]中,法院对照片的可版权性的承认,建立在这样一个事实之上,即是人类创作者,而不是相机,构思和设计了图像,然后用相机捕捉了图像。在"Goldstein v. California 案"[2]中,法院将"作者"(author)定义为"原创者"(originator),"任何

[1] Burrow-Giles Lithographic Co. v. Sarony, 111 U. S. 53 (1884).

[2] Goldstein v. California, 412 U. S. 546 (1973).

事物的起源都归功于其”，等等。这些案例中，作者身份始终聚焦于人类创作行为。再次，法官承认人工智能确实对创作行为产生了冲击。“随着艺术家将人工智能放入他们的工具箱中，用于新视觉和其他艺术作品的生成，我们正在接近版权的新领域。”需要多少人类投入才能使人工智能系统的用户成为生成的作品的“作者”，对生成的图像获得保护的范围是怎样的，如何评价人工智能生成作品的原创性，等等，都是有待解决的问题。但就该案而言，原告从未否认该作品是完全由人工智能自动生成的，他主张权利的基础仅在于他是该人工智能的所有人。由于该作品的生成不包含任何人的参与，因此不能得到版权法的保护，版权局给出了正确的决定。最后，法官认为“雇用作品”的主张不能成立，因为被雇用者只能是人类。

2.“黎明的查莉娅”案

美国艺术家克里斯·卡什塔诺娃（Kris Kashtanova）利用人工智能工具 Midjourney 生成了一系列图片，并将这些图片与其撰写的文字整合在一起，完成了漫画“黎明的查莉娅”（Zarya of the Dawn），并以完整作品的形式通过了版权登记。后来，卡什塔诺娃在社交媒体上公开说明了自己注册的这一作品中的图像都是使用人工智能生成的这一情况，美国版权局在发现后，要求其提供更多信息。得到回复后，版权局经查认为，漫画中的文本、图片被选取并排布的方式以及文本与图像的结合能够满足作品可版权性的要求，但图像本身不能受到保护，因而在 2023 年 2 月 21 日，美国版权局撤销原作品登记，并为可版权的内容进行了新的版权登记，保护内容排除了漫画中全部由人工智能生成的图像。该案与“最近的天堂入口”案不同，作者并未主张图像没有自己的贡献，也没有主张人工智能应该构成作者。但美国版权局仍然否定了著作权法对这些图像的保护，反映了美国版权局对于用户使用大模型生成图像的可版权性的基本态度。

2023 年 3 月 16 日，美国版权局针对生成式人工智能所得成果能否获得版权保护问题，发布了《版权登记指南：包含人工智能生成材料的作品》[1]（以下简称《登记指南》），在该指南中，美国版权局强调版权法意义上的作品必须满足人类作者身份要求（the human authorship requirement）。美国版权局认为基于对目前生成式人工智能运作过程的理解，使用者对人工智能生成内容缺乏实际的控制力。当然，版权局不否认部分使用了人工智能生成内容的作品可以得到版权保护，例如汇编的情形。因此，美国版权局要求申请人就使用人工智能的情况进行披露，如果作者在其创作过程中可观地（appreciable）使用了人工智能工具，就应当在申请时将使用情况进行简明的披露，披露内容以满足最低程度的（*de minimis*）创造性为准。这里"可观地"与"最低程度的"是一对相反的概念。根据美国版权局在 2023 年 6 月 28 日的网络会议中的解读，如果一项由人工智能生成的内容，只要是由人类创作完成的就可以满足独创性标准，那么这项内容就是可观的，应当在申请中进行披露；相反，如果只是使用人工智能工具对人类创作的内容进行了简单调整，假设这一行为是人类完成的，也无法高于最低程度的创造性要求，那么这种使用是不需要披露的。美国版权局的埃里克·贝尔坦（Erik Bertin）指出，此种披露义务并非为版权登记增加新要求。提示申请对象中不能注册版权的内容，是美国版权局针对版权登记申请的一贯要求。

在《登记指南》特别是其中的披露要求发布之后，在美国版权局受理的包含披露的版权登记申请中，很少有登记失败的情形。大多数版权登记申请里披露的内容足以体现人类的创造。美国版权局会在审查申请作品的整体创造性之前先行审查人的创造事宜，就此，美国版权局的罗伯特·卡苏尼克（Robert Kasunic）解释道，人类创造是可版权性的先

---

〔1〕 US Copyright Office, *Copyright Registration Guidance: Works Containing Material Generated by Artificial Intelligence*, https://www.copyright.gov/ai/ai_policy_guidance.pdf (Last Visited on Jun. 1, 2024).

决条件。因此,版权局会首先审查作品的创作是否包含人工智能的参与;如果是,接下来就会审查人工智能生成内容与人类创作部分是否能够分离;在分离后,将分别判断相应部分是否符合版权保护要求(尤其是独创性要求)。卡苏尼克认为,区分人类创作与人工智能创作是事实与法律的混合问题,还需要更多的案例推动相关规定的研究与发展。

除了人工智能生成内容的可版权性问题之外,指导内容生成的提示词是否可以获得版权保护也是一个版权法问题。提示词往往是人类创作的,但也常常包含来自论坛、社交媒体等渠道中网络用户分享的经验。其是否能够受到保护,需要针对具体个案情况进行判断。但美国版权局提示到,即便真的能使一段提示词获得版权保护,其保护范围也不会延及使用同样提示词获得的任何生成内容。同时,本书认为,基于著作权法的基本原理,如果提示词的选择是基于功能性的考虑,则可能无法获得版权保护。

2023 年 8 月 30 日,美国版权局发布了与版权和人工智能有关的调查通知(Notice of Inquiry,NOI),为生成式人工智能带来的问题展开进一步的研究调查,为相关法律或政策提供参考。在这一过程中,美国版权局审查了 10,000 多条意见,并陆续发布了《版权与人工智能》的报告。报告第一部分于 2024 年 7 月 31 日发布,主要强调了数字复制品的问题。2025 年 1 月 29 日,美国版权局发布了《版权与人工智能》的第二部分"可版权性",基于调查通知的结果,对人工智能生成内容的可版权性进行了研究报告。[1] 在这一报告中,美国版权局认为,现有的法律理论足以适当地解决版权问题。版权法长期以来一直适应新技术,可以根据具体情况确定人工智能生成的输出是否反映了足够的人类贡献,

〔1〕 U. S. Copyright Office, *Copyright and Artificial Intelligence*, *Part* 2: *Copyrightability*, Jan. 2025, https://copyright. gov/ai/Copyright-and-Artificial-Intelligence-Part - 2 - Copyrightability-Report. pdf (Last Visited on Feb. 6,2025).

以保证版权保护。在许多情况下,当人工智能被用作工具,并且人类能够确定它们所包含的表达元素时,这些输出将全部或部分具有版权。然而,在这个阶段,仅靠提示不太可能满足这些要求。最后,美国版权局表示,将继续监测技术和法律发展情况,以评价是否需要采取不同的办法。

五、人工智能生成内容是否构成作品的主要观点辨析

如上所述,人工智能目前生成的很多内容,与人类作品的表现形式相同;在不言明创作者身份的情况下,无法区分其创作者是人类还是机器。关于这类人工智能产生内容是否构成作品,学界存在一些争议,特别是基于对"独创性"要件及其设置目的的不同理解,形成了不同的基本判断标准。

(一)主体视角:"人类创作"或"人类智力贡献"要件

此类观点认为,只有人的创作才能构成著作权法意义上的作品,受到著作权法的保护,因此强调必须包含"人类智力贡献"或"人类智力努力",体现自然人的编排取舍。如果从作者权角度去理解独创性,强调作品应该是作者思想、情感、个性的外化表达,可以比较直接地得到这种推断。过往的一些法规、政府规定或法院判决中可以在一定程度上体现这种观点。例如,欧洲议会与欧盟理事会"关于计算机程序的法律保护指令"中第1条第3款规定,作品只有当"它是作者自己的智力创作"时才能得到保护,"不应采用其他标准来确定其受保护的资格"。[1] 版权

---

〔1〕 Directive 2009/24/EC of the European Parliament and of the Council on the Legal Protection of Computer Programs (Article 1 Section 3): A computer program should be protected in "the sense that it is the author's own intellectual creation. No other criteria shall be applied to determine its eligibility for protection".

法体系的国家也有支持这类观点的判决和政府机构意见。如前所述,美国哥伦比亚特区法院法官曾在 Naruto v. Slater 案[1]中裁定猴子拍摄的照片不受著作权法保护。美国版权局亦曾作如此陈述:(版权局)“不注册自然、动物或植物产生的作品”,并进行了举例,包括猴子的自拍照、大象创作的壁画等。而作者权体系的国家则更是如此。日本政府设立的“知识产权战略本部”在《知识财产推进计划 2016》中也指出,一般认为,人工智能自动生成的内容不属于著作权的客体,因为人工智能自动产生的创作物(类似作品的信息),并非《日本著作权法》第 2 条第 1 项规定的“表现思想或者情感的作品”,也就根本不存在对其享有的著作权。

需要说明的是,尽管中国等很多国家和地区的著作权法均规定了法人作品,并将法人作为作品的作者及著作权人,[2]但有观点认为,虽然在特定情况下,法人可以被视为法人作品的作者,但作品在实质上仍然应是自然人创作的。

在著作权法诞生和发展的几百年历程中,著作权法此前一直并未特别深入地探讨受著作权法保护的作品是否必须是由人类的智力创作的。只是近些年我们才遇到了“创作者”可能不是人类的情况。从著作权法的正当性基础来看,如果从自然权利出发论证,维护人格尊严或劳动财产权是重要的正当性基础;或是从功利主义的视角论证,希望促进作品的创作和传播,进而促进人类文化繁荣,增进人类福祉。由于之前人类并未真正深刻地遭遇机器创作作品的挑战,因此在著作权法理论上对这一方面的研究并不充分。在人工智能时代,如果希望证成由人类创作而

---

〔1〕 Naruto v. Slater, No. 15 - CV04324 - WHO, 2016WL362231, N. D. Cal., Jan 28, 2016.

〔2〕《著作权法》第 9 条规定:“著作权人包括:(一)作者;(二)其他依照本法享有著作权的自然人、法人或者非法人组织。”第 11 条第 2、3 款规定:“创作作品的自然人是作者。由法人或者非法人组织主持,代表法人或者非法人组织意志创作,并由法人或者非法人组织承担责任的作品,法人或者非法人组织视为作者。”

成是著作权法保护的作品的必要条件,恐怕不能简单从立法历史和法律文本中开展法教义学分析,而是首先应尝试回答一些基本的问题:第一,是否人工智能“作品”的创作和传播的增加,从整体上无益于人类文化繁荣和福祉的提高;第二,在当前人工智能飞速发展的背景下,是否在著作权法下保护人工智能作品不利于促进人类的作品创作?对于此类问题的回答,需结合哲学、社会学、心理学、法经济学的交叉研究。从制度成本角度考虑,当前最典型的反对这一要件的理由是,区分人工智能创作作品和人类创作作品的制度成本较高,如果希望较好地区分两者,可能法律有必要对人工智能应用的所有者进行一定的监督。[1] 但王迁教授认为,这仅“说明人工智能给著作权保护增加了一些复杂性,但尚不足以对著作权制度形成真正的挑战,因为它本质上属于证据规则的范畴,在以往也并不罕见。”[2]

然而近年来我国的司法实践、美国版权局的咨询报告、欧盟委员会的研究报告等都纷纷显示,人工智能当前还处于工具地位,人工智能生成内容或多或少都有人类的参与,往往所谓的人工智能生成内容中都能够体现人类的智力贡献。因此,对于“人类创作”或者说“人类智力贡献”的要件,往往并非一个“有或无”的问题,而是要询问,著作权法要求作品体现怎样的意义上和多大程度上的人类贡献。

(二)行为视角:生成过程的独创性要件说

此类观点认为,在对上述内容是否确实构成作品进行判断时,应当在暂不考虑主体的前提下,以相关内容的产生过程为切入点,分析它们

〔1〕 参见曹源:《人工智能创作物获得版权保护的合理性》,载《科技与法律》2016 年第 3 期。Pamela Samuelson, *Allocating Ownership Rights in Computer-Generated Works*, University of Pittsburgh Law Review, Vol. 47: 4, p. 1226 (1985 – 1986).

〔2〕 王迁:《论人工智能生成的内容在著作权法中的定性》,载《法律科学(西北政法大学学报)》2017 年第 5 期。

是否符合独创性的要求；当前“人工智能生成的内容只是应用某种算法、规则和模板的结果，与为形成作品所需的智力创作相去甚远”。[1]

这种观点实际上认可“像人一样思考的系统”生成的“作品”可以属于著作权法意义下的作品，受到著作权法的保护；而在一定意义上排斥了其他类型的智能系统研发思路。

根据人工智能系统是否模拟人类思维、过程与结果这两个维度，人工智能科研界对人工智能系统的研发可以大体上分为四种类型：像人一样思考的系统、理性思考的系统、像人一样行动的系统、理性行动的系统。“像人一样思考的系统”可能是多数人对人工智能系统的定义。例如杰弗里·杰斐逊（Geoffrey Jefferson）教授认为：“直至一部机器因思考和情感而不是通过随机排列符号而写出一首十四行诗或谱写一部协奏曲，我们才能认同机器等于同大脑。”[2]但这只是人工智能的流派之一。如果仅接受此种人工智能的生成内容可构成作品，相当于在著作权法中对具体人工智能技术路线进行了取舍。这种取舍是否有正当性基础、是否符合著作权法立法目的、有怎样的积极意义，尚缺乏论证。因此，在新的技术背景下，“生成过程的独创性”这一概念本身具有一定的模糊性，也存在概念设置目的的疑问，同时可能在著作权法判断时引入对技术实现细节的判断需要，可能增加司法负担。

（三）客体视角：生成作品形式上的独创性要件说

这类观点主张，在判断一件作品是否满足独创性要件时，只需要判断作品在客观上的表达是否满足特定的条件即可，无须考察其创作主体和创作过程。一种典型的判断方式是假定该作品为人类所创作，是否对

[1] 王迁：《论人工智能生成的内容在著作权法中的定性》，载《法律科学（西北政法大学学报）》2017 年第 5 期。

[2] A. M. Turing, *Computing Machinery and Intelligence*, Mind, Vol. 49, p. 445 (1950).

其受到著作权法保护还持有争议。也有观点提出,如果明确是人工智能创作的作品,可以在表达形式的独创性要求上高于人类创作的作品。

无论是否与人类作品判断标准一致,在这种观点下,目前以及未来的很多人工智能生成内容皆有可能满足该要件,获得著作权法的保护。这一观点大致相当于支持人工智能生成作品可以受到著作权法的保护。支持此观点的理由主要从功利主义进路展开:第一,仔细区分人工智能作品与人类作品的制度成本较高。第二,如果不保护人工智能生成作品,则可能无法很好地激励相关人工智能创作技术和服务产业的发展。第三,亦有多位学者认为,如果著作权法不保护人工智能生成作品,可能导致不断有大量低质量作品进入公有领域。“依赖版权经济效益存续发展的众多产业亦将受到抑制。”[1]“对于潜在的作品使用者而言,只要公共领域中存在足够多的人工智能创作物,他就没有必要去付费使用版权作品。除了一些具有高度独创性的文字作品或者依赖作者声誉的美术作品尚能附着版权价值之外,其他所有人类创作作品的版权价值都会无限趋向于零,版权许可和转让的交易也基本上不会再发生。人类作品失去市场吸引力和流动性的同时,人类作者创作作品的经济动因也会消失。”[2]有趣的是,后两项理由似有相悖之处。如果人工智能作品不能受到著作权保护会确实影响人工智能生产内容的科技进步和产业发展,则可能在此情况下,相应的人工智能技术缺少激励、进步缓慢,只能产生低质量的内容。而这样一来,相比有著作权激励下人工智能生成物产业的蓬勃发展,似乎人工智能内容生成产业没有发展时人类作品会更有市场吸引力。纵观信息技术飞速发展的历史,人工智能内容生产产业在利益驱动下飞速发展,可能侵占人类创作的空间。这一问题尚未凸显,但

---

〔1〕 易继明:《人工智能创作物是作品吗?》,载《法律科学(西北政法大学学报)》2017 年第 5 期。

〔2〕 曹源:《人工智能创作物获得版权保护的合理性》,载《科技与法律》2016 年第 3 期。

需要随着技术发展进行密切观察。

六、小结

综上所述,不同研究者对于如何判断人工智能生成内容的可版权性提出了不同的观点。尽管理论界与司法实践中仍然存在一定争议,但也反映出一定的当前阶段的共识。首先,人工智能生成内容如果蕴含了传播的价值,则应该受到一定的保护,以激励其生成和传播。其次,我国对三个案件的法院说理分析都反映出,基于我国著作权法,只有涉案内容生成的过程能体现自然人的个性化选择、取舍,其才可以被解释为该自然人的创作,构成著作权法意义上的作品。即结合司法实践来看,要求作品中体现人类的智力贡献、反映人类的编排取舍,是得到了相对更高共识的观点。

在需要何种程度的智力贡献方面,本书基本认同北京互联网法院在 Stable Diffusion 案中的观点,特别是该案判决的两个方面要点值得研究者重视。

首先,法院考虑到了艺术创造形式的发展。法院判决中认可了使用模型画图虽然不同于过去用画笔、传统绘图软件画图,并不能精确控制表达,但通过提示词和参数设置,以及不断的调整,最终获得了涉案图片,体现了作者的个性化选择。一些研究者在论证不同观点时,过度地使用类比的方式,将现在的一种艺术创作方法与过去的经典方法进行对比,实际上是采取了静止不变的视角来看这个日新月异的时代。我国著作权法上从未明确要求作者对表达进行精确的控制。从过往典型实践中推导出特征,并将其泛化为一般要件是不可取的。

其次,法院关注到了创作门槛降低和创作的普及化能够带来的社会公共利益。工具的发明,使人们可以更低成本、更自由地实现创意,法律不应当为此设置不必要的阻碍。法律对此类使用人工智能创作内容的认可，将在精神上和未来可能的财产利益上对人们进行激励。同时，当前的一些影视和动漫产业已经在使用人工智能辅助生成内容，未来可能有进一步的产业应用。我们认同传统艺术创造的高度意义，并认为这种对于表达细节的控制能力和长期的艺术素养的形成，目前还远不能够由人机协作所代替。但是，生成式人工智能工具帮助人们打开了新的创作空间，可能进一步释放人们的创造力。尽管可能有大量的使用人工智能生成的低质量的作品的确不值得保护，但过往著作权法的长期实践和相关理论表明，人们也不会积极去主张那些作品的权益，正如每个孩童都有无数的画作，理论上大部分都可以构成作品，但绝大部分并不会引起许可实践或者司法诉讼。但是，如果我们错误地设置保护条件，则可能会无法为那些希望利用人工智能进行作品创作探索的自然人提供激励。

第四章　人工智能生成技术方案的可专利性 *

随着科技的飞速发展,人工智能在发明创造领域也扮演着越发重要的角色。人工智能生成技术方案的情况也为专利制度带来了新的问题。回归对专利法基础理论的思考,本书认为,现代专利制度中的重要概念和规则,均有其特殊的历史背景、形成过程和社会功能。为应对新技术的冲击,应厘清相关概念所具备的核心功能和附加功能,考察其在现代社会环境中的制度定位与演进路径。

一、人工智能生成技术方案的实践发展及法律问题

近年来,人工智能技术被日益深入地应用于技术领域的发明创造过程之中,在寻找新的诊断和治疗方案等方面展现了其可以带来的显著快速的研究突破,甚至生成了用于治疗的药品。[1]《自然》2020 年发表文章介绍了一种机器学习算法帮助研究人员开发出一种对许多病原体有效的强效抗生素、2021 年发表文章介绍了采用人工智能工具 Alphafold

---

* 本章内容基于笔者与袁鹏飞的合作的同名文章撰写,原文章载于《数字法治》2023 年第 6 期。

〔1〕 Ryan Abbott, *I Think, Therefore I Invent: Creative Computers and the Future of Patent Law*, Boston College Law Review, Vol. 57: 4, p. 1079 (2016); Ryan Abbott, *Everything Is Obvious*, UCLA Law Review, Vol. 66: 1, p. 24 – 25 (2019).

发现蛋白质等。[1] 英国科学、创新与技术部在2023年3月发布的《促进创新的人工智能监管方法》中专门指出，人工智能技术现在可以预测科学界已知的几乎所有蛋白质的结构，这一突破将加速科学研究和拯救生命的药物的开发——它已经帮助科学家在对抗疟疾、抗生素耐药性和塑料废物方面取得了巨大进展。[2]

从简单的辅助工具，到人工智能更深入地支持人的创新活动，再到几乎完全自主的人工智能生成技术方案活动，人工智能在发明创造中的参与程度可以构成一个由浅入深的光谱。人类的创造性贡献则相应被削减。在一些人工智能生成技术方案的场景中，人工智能的开发者通常只是为参数和目标属性提供初始规范，但是算法进化和问题解决过程已经开始可以在没有人类进一步干预的情况下发生。[3]

尽管人工智能用于生成发明创造已有多年实践，但各国专利局在过去普遍没有明显意图去区分或探究一项发明创造中究竟在多大程度上使用了人工智能。但自2019年起，在萨里大学的法学教授里安·艾布特(Ryan Abbott)创建的"人工发明者"项目中，[4]美国"想象引擎"公司

---

[1] John Jumper, etc. , *Highly accurate protein structure prediction with Alpha Fold*, Nature, Vol. 596, p. 583 – 589 (2021).

[2] UK Department for Science, Innovation & Technology, *A pro-innovation approach to AI regulation*, p. 4, at https://www.gov.uk/government/publications/ai-regulation-a-pro-innovation-approach/white-paper (Last Visited on Jun. 1, 2023). 该文引用了 DeepMind's protein-folding AI cracks biology's biggest problem, at https://www.newscientist.com/article/2330866 – deepminds-protein-folding-ai-cracks-biologys-biggest-problem/ (Last Visited on Jun. 1, 2023); Andrew W. Senior, Richard Evans, John Jumper, et al. *Improved protein structure prediction using potentials from deep learning*, Nature, Vol. 577, p. 706 – 710 (2020)。

[3] See Tim W. Dornis, *Artificial Intelligence & Innovation: The End of Patent Law as We Know It*, Yale Journal of Law and Technology, Vol. 23: 1, p. 108 – 109 (2020); Riccardo Poli & John Koza, *Genetic Programming*, 2 Search Methodologies: Introductory Tutorials in Optimization and Decision Support Techniques 143, 147 (Edmund K. Burke & Graham Kendall eds., 2014).

[4] 人工发明者项目(the Artificial Inventor Project)包括一系列公益法律测试案例，主要研究在没有传统人类发明者或作者的情况下，为人工智能生成的内容寻求知识产权。该项目旨在促进关于人工智能等前沿技术的社会、经济和法律影响的对话，并就人工智能生成内容的可保护性，为利益相关者提供指导。At https://artificialinventor.com/, 2023年6月1日访问。

的创始人斯蒂芬·塞勒(Stephen Thaler)博士希望推动专利制度正视并回应人工智能生成发明创造的现实,在美国、英国、欧洲、南非、澳大利亚、以色列、韩国等多个国家和地区进行了专利申请,将人工智能DABUS填写为发明人,自己则作为申请人。绝大部分专利局和法院拒绝了将人工智能作为发明人的专利申请,仅南非专利局通过了该申请。[1] 其中,澳大利亚专利局虽然没有通过塞勒博士提出的以人工智能DABUS作为发明人的专利申请,但在司法诉讼过程中,澳大利亚初审法院认为,人工智能系统可以是发明人。[2] 2022年,二审法院推翻了初审法院的判决,支持了专利局驳回申请的决定。这一过程反映了对于专利法问题的不同观点。英国上诉法院的阿诺德(Arnold)法官和梁(Laing)法官也与比尔斯(Birss)法官在塞勒的申请是否应被视为撤销等方面持有不同意见。[3] 这些将人工智能DABUS作为发明人的专利申请实践正如“人工发明者”项目所愿,引起了许多关于专利法的反思和争论。

塞勒博士同样也向我国国家知识产权局提交了以DABUS作为发明人的专利申请。[4] 我国知识产权局在初步审查阶段指出,发明人指的是人类,是通过自己智慧和才能完成发明创造的自然人,而申请人在进入国家阶段的声明中没有正确地指明发明人,不符合法律规定。申请人未能通过补正消除审查意见指出的缺陷,专利申请被予以驳回。塞勒博士遂请求国家知识产权局专利局复审和无效审理部(以下简称复审无效部)进行复审,主要理由包括:(1)现行法律规定的发明人应做字面意义

---

〔1〕 关于相关申请和诉讼的简单梳理可参见 https://www.ipstars.com/NewsAndAnalysis/The-latest-news-on-the-DABUS-patent-case/Index/7366,2023年6月1日访问。

〔2〕 Thaler v. Commissioner of Patents [2021] FCA 879 (30 July 2021).

〔3〕 Thaler v. Comptroller General of Patents Trade Marks And Designs [2021] EWCA Civ 1374 (21 September 2021).

〔4〕 参见发明专利申请“食物容器和吸引增强注意力的装置和方法”,申请号:201980006158.0。

上的广义解释，DABUS 是本申请唯一且真实的发明创造者，并且是一个独立的个体，将发明人登记为 DABUS 符合我国《民法典》规定的诚信原则，也符合我国《专利法实施细则》第 14 条所规定的“发明人”；(2)将 DABUS 登记为发明人，不会引发权属纠纷等负面问题，并且对发明创造进行保护符合专利法的立法宗旨，当法律法规存在缺位时，应向权利人的权益加以倾斜，实现补位。

复审无效部维持了驳回决定，并进行了进一步说理。相关法律依据主要包括：(1)《专利法实施细则》第 14 条规定，“专利法所称发明人或者设计人，是指对发明创造的实质性特点作出创造性贡献的人”；(2)《专利审查指南》[1]第一部分第一章第 4.1.2 节规定，“发明人应当是个人，请求书中不得填写单位或者集体”。因此，复审无效部重点针对《专利法实施细则》中“作出创造性贡献的人”和《专利审查指南》中的“个人”进行了分析。首先，复审无效部进行了专利制度中的体系解释，指出“专利法定义发明人，是为了赋予发明人一定的权利，包括获得奖励和报酬的财产权利，以及在专利文件上署名的人身权利，目的在于鼓励发明创造。因此，在专利申请审批程序确定发明人，是为了明确相关权利的归属，即哪种主体可以作为发明人，从而享有专利法规定的与发明人相关的财产权利和人身权利。”其次，复审无效部的分析引入了民法上权利主体的规定，指出民事主体是享有民事权利、履行民事义务和承担民事责任的法律人。符合民法规定的民事主体，才能作为享有相关民事权利的权利人。专利法规定发明人享有相关民事权利，故发明人应当是民法规定的民事主体。而 DABUS 是“人工智能系统”，不属于民法规定的“自然人、法人和非法人组织”三种民事主体之一，不能作为民事主体行使权利和履行义务，因此无法在专利行政程序中被确定为发明

[1] 根据案件发生时间，此为 2017 年《专利审查指南》。

人。发明人应当是通过自己的智慧和才能完成发明创造的自然人。[1]

在随后的《专利审查指南》修改中也在第一部分第一章第4.1.2节明确规定,“发明人应当是个人,请求书中不得填写单位或者集体,以及人工智能名称”,通过规范性文件进一步明确了将人工智能排除在发明人的范畴之外。我国国家知识产权局在2024年12月31日发布的《申请指引(试行)》中也进行了指引说明。该文件将人工智能生成发明创造分为两种类型:一是人工智能辅助作出的发明,即在发明过程中以人工智能技术作为辅助工具得到的发明创造。国家知识产权局进一步指出,此种情况下,人工智能发挥的作用类似于信息处理器或绘图工具等。例如,利用人工智能识别特定蛋白质结合位点,最终获得的新型药物化合物。二是人工智能生成的发明,是指人工智能在没有人类实质性贡献的情况下自主生成的发明创造。《申请指引(试行)》中指出,由于发明人是指对发明创造的实质性特点作出创造性贡献的人,因此,对于第一种情况,即人工智能辅助作出的发明,对发明创造的实质性特点作出了创造性贡献的自然人,可以署名为专利申请的发明人;而对于第二种情况,即人工智能生成的发明,在我国当前法律背景下无法赋予人工智能发明人身份。

目前,人们对人工智能生成发明创造的可专利性仍存在一些不同观点。[2] 一些研究者认为,智力成果源于人类是获得专利授权的条件。例如有欧洲研究者认为,人类发明人的身份是发明和创造存在的必要条件,这意味着只有人类发明家的成果才有资格获得专利;只有这样才有可能确保专利保护仅限于真正的发明人;一个不是由人类的创造性干预与人类的创造性活动而产生的结果,将被排除在专利的范围之外,这不仅仅是因为,在这种情况下不存在人类“发明人”,更是因为在这种情况

---

〔1〕 国家知识产权局专利复审委员会第1373038号复审请求审查决定,2023年。

〔2〕 参见刘友华:《人工智能时代的专利法研究》,法律出版社2022年版,第11~19页。

之下根本没有所谓的“发明”，它并没有涉及“创造性”这个主题。[1] 我国学者也有类似观点，认为包括专利制度在内的知识产权制度只能够保护自然人的智力成果，不能保护人工智能相关发明。例如有学者认为，人工智能生成物在现阶段只是数据算法的结论，本质是计算和模仿，不是智力劳动，不具有智力财产的属性，因而无法成为知识产权保护的对象。[2]

另有许多研究者对人工智能生成内容的可专利性持肯定态度。一些研究者强调了相关发明的社会价值以及专利权对于激励对人工智能生成技术方案领域投资的重要性。例如，在美国联邦巡回上诉法院维持了美国专利商标局关于驳回以 DABUS 为发明人的专利申请之后，哈佛大学的莱斯格（Lawrence Lessig）教授等人士共同向美国联邦最高法院提交了一份简报，认为美国联邦巡回上诉法院的裁决“剥夺了此类重要且可能挽救生命的专利发明的整个类别的任何保护”，并通过削弱专利保护可能提供的激励而“危及当前和未来的数十亿美元投资”。[3] 尽管美国联邦最高法院拒绝了审理此案，但该简报反映了许多法律人士的观点。杨利华教授也肯定了人工智能生成的技术方案的可专利性，指出无论是“发明创造”这一概念本身还是“创造性”要件，都没有对人类智力创造活动的要求。[4] 一些学者提出了对专利制度的改革。例如，多尔尼斯（Tim W. Dornis）教授从立法论角度指出，目前专利法仍然建立在只有自然人可以作为发明人的基本构想之上，但面对人工智能

〔1〕 Eva Stanková, *Human Inventorship in European Patent Law*, Cambridge Law Journal, Vol. 80:2, p. 338 – 365 (2021).

〔2〕 参见曹博：《人工智能生成物的智力财产属性辨析》，载《比较法研究》2019 年第 4 期。

〔3〕 Https://www.supremecourt.gov/DocketPDF/22/22 – 919/263320/20230412115821327_No. %2022 – 919_Brief.pdf (Last Visited on Jun. 1, 2023).

〔4〕 参见杨利华：《人工智能生成技术方案的可专利性及其制度因应》，载《中外法学》2023 年第 2 期。

越来越独立地生成发明创造的现状，专利法需要重新调整其以人类为中心的发明概念和本领域普通技术人员范式。[1] 梅里特（Cole G. Merritt）则提出可以为人工智能生成的发明创造建立单独的专利类别，并规定强制许可，以限制人工智能技术的早期使用者垄断产生的专利的能力。[2]

上述争议的核心主要在于对专利制度中“发明人”和“创造性”的概念界定及功能定位。在讨论问题时，需要注意当前专利制度的理论基础、制度目标和经济结构与著作权制度具有一定区别。正如威利（Wiley）教授所述：“一个显著的事实是，专利法的理论一般都是一致的，而版权法的理论却不一致。”[3] 其基本观点即在于，专利法的一致性是因为其具有一个有高度共识的功利主义基础，而版权法则不然。本书认为，发明创造源于人类智力成果的论断只是与过去历史发展阶段的事实情况相吻合，尽管专利制度的一些要素基于该论断进行了解释和发展，但其并非专利制度的核心理论基础。这也决定了专利保护在本质上与发明方式无关。本章将主要从发明人问题和创造性问题两个角度展开，提出在当前的专利制度下，发明人身份可以通过法律规定来合理确定，创造性要件在专利法意义下主要是一项关于发明创造难度或风险的客观标准，因此并不存在对人工智能生成的发明创造授予专利权的制度进行解释的障碍，但需要根据行业中对人工智能工具使用的普遍情况，动态更新对本领域普通技术人员的理解。

---

〔1〕 See Tim W. Dornis, *Artificial Intelligence & Innovation: The End of Patent Law as We Know It*, Yale Journal of Law and Technology, Vol. 23:1, p. 102(2020).

〔2〕 Cole G. Merritt, *A Compulsory Solution to the Machine Problem: Recognizing Artificial Intelligence as Inventors in Patent Law*, Vol. 25:1, p. 211 – 237(2023).

〔3〕 John Shepard Wiley Jr, *Copyright at the School of Patent*, University of Chicago Law Review, Vol. 1991(58), p. 119.

二、人工智能生成技术方案的发明人问题

除南非外,各专利局否定 DABUS 相关专利申请的主要理由基本都在于,专利法上的发明人只能是自然人,不能是机器。2018 年,"知识产权五局"〔1〕即召开了关于人工智能相关专利申请问题的圆桌讨论,并在 2019 年公开发布了该圆桌讨论的总结报告,其中明确声明,只有人类才能被视为"发明人"。〔2〕美国专利商标局及法院对美国专利法文本进行了详细分析,均认为基于美国专利法的文本,发明人需要是自然人。〔3〕英国高等法院史密斯(Smith)法官在判决中认为,《英国专利法》的条款非常清楚,发明人只能是自然人;同时其在附言中明确指出,他绝不认为人工智能机器的所有者/控制者是"发明的实际设计者"的论点是不恰当的,只因这是另一个问题而不是此次诉讼的问题。〔4〕英国上诉法院的法官虽然在一些问题上持有不同意见,但均认同发明人只能是自然人的观点。〔5〕欧洲专利局在对"DABUS 申请"的裁定中具体地指出:(1)在发明人处指明机器的名字不符合欧洲专利公约第 19 条第 1 款的要求,因为自然人的名字不仅仅有识别的功能,也使他们可以行使权利,并且构成了人格的一部分。(2)从立法历史中可见,发明人只能是自然人。这一规范是国际上得以接受的标准。对发明人是自然人的要求与

〔1〕"知识产权五局",即中国国家知识产权局、日本特许厅、韩国知识产权局、欧洲专利局和美国专利商标局。

〔2〕European Patent Office and Five IP Offices, *Report of the IP5 Expert Round Table on Artificial Intelligence*, *Munich*, 31 *October* 2018, at https://www.fiveipoffices.org/material/AI_roundtable_2018_report(Last Visited on May. 1,2023).

〔3〕参见美国专利商标局关于 16/524,350 号专利申请的裁定;Thaler v. Vidal, 43 F. 4th 1207 (Fed. Cir. 2022)。

〔4〕Thaler v. The Comptroller-General of Patents, Designs And Trade Marks [2020] EWHC 2412 (Pat) (21 September 2020), https://www.bailii.org/ew/cases/EWHC/Patents/2020/2412.html (Last Visited on Jun. 1,2023).

〔5〕Thaler v. Comptroller General of Patents Trade Marks And Designs [2021] EWCA Civ 1374 (21 September 2021), https://www.bailii.org/ew/cases/EWCA/2021/1374.html (Last Visited on Jun. 1, 2023).

慕尼黑外交会议中给予发明人清晰且强有力的法律位置的意图是一致的。(3)在欧洲专利公约中,发明人的位置是通过给予他们各种权利来保障的,包括发明人权利、在专利申请中的署名权、被通知署名的权利,等等。法律和司法中均未将人工智能系统拟制为人。人工智能系统既不能被雇用,也不能转让权利。[1] 我国国家知识产权局也在审查和复审实践以及2023年修订的《专利审查指南》等文件中都明确表达了发明人不能是机器、只能是自然人的规则。

由此可见,尽管将发明人填写为自然人仅为专利申请的形式要求,且各国普遍并不要求专利局对发明人身份进行审查,但各国专利局往往要求在专利申请时指明自然人作为发明人,因此拒绝了塞勒博士的申请。这实际上并不代表各专利局均明确拒绝将事实上由人工智能生成的技术方案授予专利权。我国《申请指引(试行)》中明确指出,发明人是指对发明创造的实质性特点作出创造性贡献的人,对于人工智能生成的发明,在我国当前法律背景下无法赋予人工智能发明人身份。虽然从逻辑上可以推导出在必须填写发明人但又实际没有发明人的情况下,自然无法授予专利权,但国家知识产权局并未明确正向表态,而专利制度中未来应如何看待对发明人的要求,仍然是需要讨论的问题。

从现行专利制度本身来看,我国与"发明创造"相关的法律条文中其实并无对人类智力创造活动的要求。[2] "发明创造"概念是一种客观的技术性表达,[3]但在关于发明人的制度中却加入了对创造性贡献的要求。我国《专利法实施细则》中第14条规定,"专利法所称发明人或者设计人,是指对发明创造的实质性特点作出创造性贡献的人"。我们

---

〔1〕 参见欧洲专利局,关于EP 18 275 163及EP 18 275 174号专利申请的裁定。

〔2〕 杨利华:《人工智能生成技术方案的可专利性及其制度因应》,载《中外法学》2023年第2期。

〔3〕 参见朱雪忠、张广伟:《人工智能产生的技术成果可专利性及其权利归属研究》,载《情报杂志》2018年第2期。

需要对专利制度中的发明人概念和定位进行考察。

(一)人的"创造性智力贡献"并非现代专利制度的理论基石

专利法目前关于发明人的一系列制度设计,往往建立在过往对于发明创造产生过程中人的创造性智力贡献不可或缺这一认识的基础之上。如尹新天在《中国专利法详解》中写道,"世上所有的发明创造都是人做出的……因此,要判断一项发明创造是职务发明创造还是非职务发明创造,首要需要明确哪些人是该发明创造的发明人或者设计人……"[1]可见,基于过去的客观现实,"世上所有的发明创造都是人做出的"在这里被视作一项不证自明的前提条件。但人工智能的不断发展,令这一过去的客观论断受到了挑战。"知识产权五局"将使用人工智能技术进行发明创造分为了三类:(1)人类作出的发明(human-made inventions),使用人工智能进行结果验证;(2)人类界定问题,使用人工智能来找到解决方案;(3)人工智能作出的发明(AI-made invention),即在没有人类干预的情况下,人工智能界定问题并提出解决方案。[2] 类似地,多尔尼斯教授将人工智能对发明创造的参与程度分为了三个阶段:第一阶段,人工智能工具可以增强手工能力、视力或其他技能,但无法增强创造力。第二阶段,发明者得到更精细的技术支持,但人类创造力的投入也普遍存在。这种基于技术的人类发明者能力的增强不会取代人类参与者的发明能力。贡献"创造性火花"的将是人类参与者。前两个阶段,发明仍然被认为是真正的和完全的人造的。第三阶段,人工智能在发现和形成最终解决方案上占据了主导地位,克服"显而易见"阈值所需的部分由

---

〔1〕 尹新天:《中国专利法详解》,知识产权出版社 2011 年版,第 52 页。

〔2〕 European Patent Office and Five IP Offices, *Report of the IP5 Expert Round Table on Artificial Intelligence*, Munich, 31 October 2018, at https://www.fiveipoffices.org/material/AI_roundtable_2018_report(Last Visited on May. 1,2023).

人工智能单独提供,形成了所谓“没有发明者的发明”。[1]

面对人工智能不需人类的创造性干预而可以生成技术方案的情况,需要对专利制度进行反思。一些研究者指出,“人类发明者中心主义”是传统专利制度的基石。[2] 然而本书认为,尽管以人类发明者为中心是目前专利制度外在形式体系的表现,发明人的自然权利学说也的确在特定历史时期深刻影响着专利制度,但它们并不真正意义上构成专利制度的基石。正如谢尔曼(Brad Sherman)等在回顾英国知识产权法演进时所述,“那些常常被人们视若当然或者看作自然构造的东西,事实上却是由一组复杂而变化着的环境、实践和习惯共同作用的产物。”[3]在探究专利制度的合理解释及未来发展的过程中,需要厘清制度构建的客观事实基础及其变化,回归专利制度的基础理论,并在必要之处注意区分制度构建的核心理论基石和发展中增加的附带制度功能。

首先,从专利制度发展的早期来看,促进具有实用价值的新创造进而增进公共利益就已经是专利制度的重要目的。1474 年威尼斯《专利法》的序言部分实际上明确了增进公共福祉的立法目的——“若法律规定知悉此种装置者不得为模仿制造而损及发明人的荣誉,则将有更多人士积极发挥聪明才智,发现并制造各种实用器物,从而增进公共福祉”。[4]

---

〔1〕 See Tim W. Dornis, *Artificial Intelligence & Innovation: The End of Patent Law as We Know It*, Yale Journal of Law and Technology, Vol. 23:1, p. 110 – 112(2020).

〔2〕 See Tim W. Dornis, *Artificial Intelligence & Innovation: The End of Patent Law as We Know It*, Yale Journal of Law and Technology, Vol. 23:1, p. 108 – 109(2020).

〔3〕 [澳]布拉德·谢尔曼、[英]莱昂内尔·本特利:《现代知识产权法的演进:英国的历程(1760 – 1911)》,金海军译,北京大学出版社 2012 年版,第 7 页。

〔4〕 参见黄海峰:《知识产权的话语与现实:版权、专利与商标史论》,华中科技大学出版社 2011 年版,第 126 页;Ikechi Mgbeoji, *The Juridical Origins of the International Patent System: Towards a Histiography of the Role of Patents in Industrialization*, Journal of the History of International Law, Vol. 5:2, p. 413(2003)。

其次,尽管在18世纪,洛克的"劳动财产权"等自然权利学说作为比较主流的学说,的确成了影响和塑造当时专利制度的基石之一,基于人对其产物的自然权利学说是使专利制度从一种特权转变成财产权的重要理论基础,客观上促进了专利制度的发展,但此种影响的重要程度与特定历史发展时期紧密关联,受限于当时社会的经济、政治、技术水平等各方面因素。

举例而言,法国专利法一直被认为是最突出地反映了以自然权利为基础的专利法,但其仍然并不全然是基于从自然权利出发的严密理论论证,其与法国社会的历史发展密不可分。1791年法国专利法诞生于法国大革命之后,当时,所有的封建特权均被否定,这一境况引起了许多发明家的担心。发明家社群希望推动保留对发明创造的专利保护,就需要将专利制度与封建特权区分开来。英国的实践树立了榜样。当时负责介绍法国专利法案的布孚雷(Stanislas de Boufflers)在报告中将发明视为发明人的产品,论述了发明人因自然权利而获得产权,专利权也因此不是一种经济特权,[1]并且基于自然权利的论证以及与旧制度的界限划分,废除了专利的事先审查制度。[2]

布孚雷在主张专利权作为自然权利的同时,也进行了基于在发明人和社会之间的"社会契约理论"的论证,以此说明为何发明人必须向社会披露其发明,并接受其权利的临时性。即使在当时,专利制度中也存在难以用"基于创造"的自然权利理论来解释的规定。当时在法国为获得专利而需缴纳的费用被定在很高的水平,虽然有利于防止一些没有实际价值的专利,但客观上限制了人们获得专利的能力。专利权的授予门

---

〔1〕 See Gabriel Galvez-Behar, *The Patent System during the French Industrial Revolution: Institutional Change and Economic Effects*, Jahrbuch für Wirtschaftsgeschichte, special issue "Patent Law and Innovation in Europe during the Industrial Revolution", edited by A. Donges and F. Selgert, Vol. 60:1, p. 35 - 37(2019).

〔2〕 See Jérôme Baudry, *Examining inventions, shaping property: The savants and the French patent system*, History of Science, Vol. 57:1, p. 62(2019).

槛实际上成为将其视为自然权利的一项现实障碍。[1] 1791 年法国专利法中还包含“引进专利”，保护将国外的发明创造引入国内之人的权利，与法国专利法“将专利权视为基于创造”的自然权利理论产生一定的矛盾。有研究者认为，在 1844 年《法国专利法》修改时之所以取消引进专利，尽管有与自然权利理论不协调的问题，但一个重要原因是，在新的历史阶段中，法国已经不再仅是一个工业产品的进口者，而是成了工业产品的出口者。[2]

另外，作为法国专利法特色、被评论为反映了自然权利理论的没有预先审查的登记制不断遭到批判，法国在几年后就建立了非官方的审查机制，[3]并且在现代专利法中恢复了审查制度。这样的情况也反映出专利制度在发展过程中的不断演进。

最后，基于创造的自然权利说对现代专利制度及其理论发展的影响力和解释力日渐式微。基于创造人的自然权利考量即使存在，也恐怕是在符合制度效益之上的一些兼顾不同学说和理论的制度优化，而非奠基性制度本身。[4] 谢尔曼等指出，“虽然智力劳动在前现代知识产权法中发挥了如此突出的作用，但自 19 世纪下半叶以来，该法律就已经将其注意力从智力劳动和创造性上转移开了……现代知识产权法则趋向于更

---

〔1〕 当时 5 年期的专利费为 300 法郎，10 年为 800 法郎，15 年为 1500 法郎，而工人平均日工资只有 1.5 法郎。See Gabriel Galvez-Behar, *The Patent System during the French Industrial Revolution: Institutional Change and Economic Effects*, Jahrbuch für Wirtschaftsgeschichte, special issue “Patent Law and Innovation in Europe during the Industrial Revolution”, edited by A. Donges and F. Selgert, Vol. 60:1, p. 37(2019).

〔2〕 See Gabriel Galvez-Behar, *The Patent System during the French Industrial Revolution: Institutional Change and Economic Effects*, Jahrbuch für Wirtschaftsgeschichte, special issue “Patent Law and Innovation in Europe during the Industrial Revolution”, edited by A. Donges and F. Selgert, Vol. 60: 1, p. 39 – 40(2019).

〔3〕 See Jérôme Baudry, *Examining inventions, shaping property: The savants and the French patent system*, History of Science, Vol. 57:1, p. 62(2019).

〔4〕 参见刘春田主编：《知识产权法》，中国人民大学出版社 2022 年版，第 160 页。

加依赖于使用政治经济学和功利主义的话语和概念”。[1] 大量探讨专利制度的文献用新古典主义经济学的话语重述了威尼斯专利法时期的公共利益考虑,指出专利权的主要经济理由来自一个根本问题:竞争性市场无法支持有效的创新水平。[2] 对专利权的适当范围、现代普遍采用的“先申请制”而非“先发明制”、职务发明中对申请专利的权利的初始分配等一系列专利制度细节设计的研究论证,也多是在经济分析的基础上展开。莱姆利教授等认为,“虽然也有一些基于道德权利、奖励或分配正义的专利法理论,但它们很难被认真对待来作为对专利法的实际范围的解释。专利保护的短期性可以阻止独立研发的宽泛权利,专利法可以给予专利权人对其从未制造或考虑制造的产品的控制,这些都很难与专利所有人‘理应’拥有法律赋予的权利这一观点相吻合。”[3] 概言之,人类发明者基于其创造的自然权利理论并非现代专利制度的基石或核心。

(二)专利制度的“发明人”并非总是指向做出创造性贡献的人

如果我们将目光投向专利制度中的“发明人”,也会发现这一概念的解释在需要之时也曾被悄然更改,即在专利制度发展过程之中,发明人这一概念实际上并不限于依靠自己的创造性智力劳动而做出发明创造的人。

---

〔1〕 [澳]布拉德·谢尔曼、[英]莱昂内尔·本特利:《现代知识产权法的演进:英国的历程(1760–1911)》,金海军译,北京大学出版社2012年版,第206~207页。作者在该书中也指出,“在现代法中,创造性……以新的外表出现了”(第237页)。本章将在下一部分中重点讨论现代专利制度中创造性的概念,并说明人类发明者并非当代专利制度中创造性的核心或基石。

〔2〕 Peter S. Menell and Suzanne Scotchmer, *Economic Models of Innovation: Stand-Alone and Cumulative Creativity* (September 8, 2018). Ben Depoorter & Peter S. Menell (eds.), *Research Handbook on the Economics of Intellectual Property Law*, Vol. 2018(I), p. 120.

〔3〕 Mark Lemley & Dan Burk, *Policy Levers in Patent Law*, Virginia Law Review, Vol. 89: 7, p. 1598–1599(2003).

在专利制度发展早期,1474 年《威尼斯专利法》规定,只要"在本城制造本城邦内先前未曾有人制造的"机械装置,就可以去登记并获得保护。[1] 这主要也是因为在过去,商贸和交通往来并不如今天一般便利和发达。即便在其他地区,已经有人做出了某个发明创造并已得到应用,但将其传入本城邦地区仍然具有非常高的风险和成本,因而是比较罕见的。由此,考虑到人们将自己在其他地区获知的技艺引入一个城邦或国家的行为,仍然需要承担较大的风险和颇高的成本,对这些人需要予以激励。

根据 1623 年《英国垄断法》[2] 第 6 条的规定,专利必须被授予"真正的最初发明人"(the true and first inventor)。但在颁布后的很长一段时间内,英国专利制度中的"发明人"仍然包括将新产品、新工艺引入英国的人。在澳大利亚的 DABUS 案二审判决中,法官特别指出,"《英国垄断法》第 6 条中的'真正的最初发明人'这一表述,在使用中曾被扩展适用于实际上并未发明该发明但从国外引进了该发明的人",并解释道,"授予引进发明者专利权的理由与授权给真正的最早发明人的理由是一致的,"引进发明的人应该得到奖励,因为他把以前不知道的发明引进了王国。这源于一个在国外旅行涉及相当大的危险的时代,因此,人们认为引进发明(而非创造有关发明)的人也是有功劳的。尽管随着人类社会的发展,这种用法已经渐渐消失,但其仍然反映了在国际贸易和交通往来具有较高风险和成本的时代,上述考量与对发明创造直接进行投资和投入产生的风险和成本一样,在实际上成为证成专利权的重要因素。

用现在的话语来说,专利法为促进实现公共利益这一立法目的,使在过去受到交通不便利等因素的影响的各国为鼓励外国技术的引进,可

---

〔1〕 参见刘春田主编:《知识产权法》,中国人民大学出版社 2022 年版,第 148 页。

〔2〕 Statute of Monopolies 1623.

以根据本国国情，将专利制度的“新颖性”判断标准界定为“相对新颖性”判断标准，一些国家的专利制度中还特别规定了“引进专利”（patents for importation）这一类别。如前所述，以彰显发明者对其发明创造拥有自然权利著称的 1791 年《法国专利法》中，也包含“引进专利”，保护将国外的发明创造引入本国之人的权利。《巴黎公约》中就将缔约国承认的引进专利等类型，明确包括在公约所述专利概念之中，并且在 1979 年的最近一次修改中仍然保留着引进专利。[1]

我国《专利法》直到 2008 年第三次修改之前，在以出版物公开的方式上采用绝对新颖性标准，而在“公开使用或者以其他方式为公众所知”的公开方式上采用的仍然是相对新颖性标准，即规定能够被授权的发明创造应当没有在国内外出版物上被公开发表过，也没有在国内被公开使用过或者以其他方式为公众所知。[2] 在采用混合新颖性标准的时期，我国《专利法》本身没有对发明人做进一步定义，但在《专利法实施细则》中规定，“专利法所称发明人或者设计人，是指对发明创造的实质性特点作出创造性贡献的人。在完成发明创造过程中，只负责组织工作的人、为物质技术条件的利用提供方便的人或者从事其他辅助工作的人，不是发明人或者设计人。”尽管《专利法实施细则》的文本看似将发明人与“创造性贡献”绑定起来，但在专利法的实施过程之中，即使一项发明创造在国外被公开使用过，但若在我国依据法律仍然是新颖的，并不会因为发明人在申请之前去国外接触、了解过该发明创造而认为其不能够成为专利法意义下的“发明人”。

不难推断，假使在今天，国际交通和贸易往来仍然具有非常高的风险和成本，国外与国内的技术研发仍有一定差距，进而对于从国外引入

---

〔1〕 See Art. 1, Paris Convention for the Protection of Industrial Property, https://www.wipo.int/wipolex/en/text/288514(Last Visited on Jun. 1,2023).

〔2〕 参见 2000 年《专利法》第 22 条第 2 款。

相应技术仍然存在通过授予专利权来进行激励的必要性,则关于新颖性的判断仍将维持在“相对新颖性”标准之上。即无论是基于发明人对国内未知的国外产品的”模仿创新“还是纯粹的自主创新,都将是专利法上承认的可以授予专利权的成果。这一结论在本质上是以专利法的基本经济模型假设为基础,即当取得发明创造的过程具有较高的风险(无论是研发失败的风险,还是国际交通的风险)和成本(无论是投资于直接研发的成本,还是投资于国际往来的成本),投入市场后又容易被模仿,且模仿者的成本要显著小于“创新者”的成本,因而除最先投入市场的先机能够使创新者收回投资的少数情况外,创新者将难以在市场上收回成本;而发明创造在国内的应用和技术信息的公开,能够促进社会技术和经济的发展,进而增进公共利益。

因此,尽管我国《专利法实施细则》中对发明人有作出“创造性贡献”的相关界定,但该界定的目的并不在于强调只有运用了创造性的智力劳动的人才能成为发明人,否则与“相对新颖性”制度下将引进发明者认同为发明人的长久实践相违背;这一条款是在发明创造均由自然人做出、尚未出现人工智能发明创造的情况下产生的规定,其主要制度功能实际上是在与发明创造活动相关的自然人中进行划分,明确那些仅仅参与了组织、提供便利条件、辅助等工作的人不能被列为发明人,进而可以更加清晰而集中地确定专利权人和可能基于职务发明获得奖励、报酬的人,激励创新活动中的主要风险承担者,并避免因一项专利上的权利人过多导致对权利的行使争议不休,从而徒增制度成本的情况;同时,在专利制度的核心功能得以实现的基础上,可以观照到实际发明人名誉这样的人格利益,实现在激励创新和保障个人权利的多重目标体系中的帕累托优化。

如今,一种新型的风险和成本摆在那些是否要运用人工智能技术来进行发明创造的决策者面前:尽管不再是充满未知的长途跋涉,但在当前的人工智能发展情况之下,使用自行开发的人工智能进行发明创造或付费使用他人开发的人工智能进行发明创造，仍类似地需要投入成本并面临巨大的不确定性。由此，申请专利的权利应归属于使用人工智能做出发明创造的主体，包括职务发明中的单位和非职务发明中的使用者。而那些不是最终使用者的人工智能的研发者、部署者可以通过与最终使用者签订合同来获得合理回报。为激励新技术方案的产出和技术信息的传播，在当前我国专利法框架下，对于职务发明，可以允许在申请时不填写发明人，而是在申请材料中说明是如何凭借人工智能完成了此项发明创造；对于非职务发明，发明人的概念可以被重新扩展解释，以便在现行法律下能够将前述需要激励的使用人工智能进行发明创造的主体合理确定为专利权人，〔1〕以实现专利法的目的。

未来，可以在专利制度中将这两种情况统一，对发明人进行狭义解释，取消申请文件“应当写明发明人姓名”的法律规定，并允许不存在发明人而只有专利权人的情况。当技术方案系由自然人创造时，自然人申请专利可填写或不填写其发明人身份；当技术方案系由人工智能完成时，申请人可不填写发明人。在此基础之上的专利权归属，可以作个人使用和职务使用的划分，即个人使用人工智能生成的技术方案，在不属于职务发明创造的情况下，其专利权属于该个人使用者；为职务使用人工智能生成技术方案的，其专利权属于对应的单位。

三、人工智能生成技术方案的创造性问题

专利授权实质性要件之一的创造性，根据我国《专利法》中的定义，并非要判断是否经过了创造性的智力劳动，而是主要判断与现有技术相比，该发明是否具有突出的实质性特点和显著的进步。〔2〕可见，我国对

---

〔1〕 我国《专利法》第 6 条第 2 款规定，非职务发明创造，申请专利的权利属于发明人或者设计人；申请被批准后，该发明人或者设计人为专利权人。

〔2〕 《专利法》第 22 条。

于创造性的判断方法是一种客观判断，这与当前世界范围内的主流理论和实践也是相一致的。

在专利制度建立之初，并没有明确的“创造性”要件。1791 年法国专利法虽然以基于创造产物的自然权利作为制度的基石，但也并未提出“创造性”要件。“创造性”这一要件是在专利制度发展过程中逐渐建立起来的。美国的司法实践是历史上推动建立创造性要件的一股主要力量。在 1851 年的美国 Hotchkiss v. Greenwood 案中，美国联邦最高法院在多数派意见中认为，“因为除非……需要比熟悉该业务的普通技术人员所拥有的更多的智慧和技艺，否则就缺乏构成每项发明的基本要素的那种程度的技艺和智慧。”[1] 但在此后的百年间，仍然没有在立法层面确立创造性要件。并且，法院在司法过程中对这种“构成发明的基本要素程度的技艺和智慧”有了各种不同的理解，在一些案例里，甚至将其推向了一个极高的程度。例如，在 1941 年的 Cuno Engineering Corp v. Automatic Devices Corp. 案[2] 中，法院认为“新设备必须能反映出创造天才的闪现”。在 Great Atlantic & Pacific Tea Co. v. Supermarket Equip. Corp. 案[3] 中，美国道格拉斯大法官在随附意见中写道：“每项专利都是被赋予的从公众中抽取通行费的特权。建构者不希望这些垄断权被无谓赋予。为了证明获得专利的正当性，发明必须服务于科学的最终目的——探索化学、物理学等的前沿领域；为科学知识做出显著贡献。”法院的这种标准设定显然偏离了专利制度的经济结构，例如哪怕对于发明人而言实际是一个偶然的发明，没有天才的闪现，但只要对于本领域普通技术人员而言不是显而易见的，即不是在现有技术的基础上，通过基本的逻辑推演、常规的实验手段等就能容易得到的技术方案，那么对于社会而

[1] Hotchkiss v. Greenwood, 52 U. S. (11 How.) 248 (1851).

[2] Cuno Engineering Corp. v. Automatic Devices Corp., 314 U. S. 84 (1941).

[3] Great Atlantic & Pacific Tea Co. v. Supermarket Equip. Corp., 340 U. S. 147(1950).

言，通过授予一定时期内的排他性权利来促进该技术方案的应用和技术信息的传播通常也是具有积极意义的；而一项在专利保护期内不能在产业上落地的科学前沿研究则显然是无法用专利制度来激励的。这也最终导致了美国国会修改《美国专利法》。在 1952 年《美国专利法》中明确规定，可专利性“不应由于发明的制造方式而被否定”，并且明确规定了“非显而易见性”为专利授权要件之一，并将其界定为“如果所要求的发明与现有技术之间的差异，使所要求的发明整体上在所要求的发明的有效申请日之前对具有普通技能的人来说是明显的，则不能获得专利。”时至今日，许多国家和地区的专利制度中实际上都从客观角度去进行创造性的判断。例如，《欧洲专利公约》对应的要求为“发明性步骤”要件，在专利审查指南中，其具体判断方法则同样是判断对于本领域普通技术人员而言，该发明是否是显而易见的；如果可以简单地或基于逻辑从现有技术中得到，则为显而易见的。[1] 类似地，我国《专利审查指南》将发明是否具有突出的实质性特点，界定为判断“对所属技术领域的技术人员来说，发明相对于现有技术是否为非显而易见的”的方法。

现代专利法在这样的一些定义和判断方法背后，关于创造性的讨论基本是从经济分析的角度展开。专利制度有比较显著的制度成本，包括由专利制度引起的社会净损失、对他人未来创新可能造成的阻碍、由专利竞赛引起的对发明创造的过度投入，以及随着专利申请量和授权量的增加而增长的行政机关的审查和管理成本、技术实施者的检索和管理成本、司法和行政执法成本，等等。如果一项技术方案仅仅是新的且实用的，就可以授予其专利权，势必会加剧制度的成本，甚至造成制度成本和收益的失衡。创造性要件的提出，在那些满足新颖性的技术方案之中又划分了一条界限，以排除那些致使授予专利的代价大于收益的发明。然

〔1〕 European Patent Convention (17th edition / November 2020), Article 56.

而合理界限划分的经济论证是充满困难的,人们往往只能得出一些启发式的论断。专利制度用“创造性”“发明步骤”等富有自然权利色彩的、容易感召人们认同其正当性的修辞和简便的方式增强了制度设计及裁判说理的可理解性与可接收程度,并缓解对授权标准的经济理性分析中的不足。我国学者熊文聪指出,“在很大程度上,修辞的策略就是将其背后潜藏的价值取舍‘伪装’成不容置疑的逻辑论断。”[1]这样一来,自然权利的主张者和功利主义的支持者均能够在专利制度中找到自己理想制度的栖息地,尽管这也为法律理解的一致性带来了一些障碍。关于创造性界定的规律规则仍需要认真探索。

研究者们提出了许多不同的理论和分析方式,来试图为更为创造性标准的界定提供科学依据。最佳创造性高度是边际社会成本与边际社会收益相等的点。[2] 一些研究者如克奇(Edmund W. Kitch)教授指出,“不应该为一项创新授予专利,除非该创新在没有专利保护的情况下不可能被开发出来。”[3]以莫杰斯(Robert P. Merges)教授为代表的一些学者认为理论上的非显而易见性实际上是关于风险或不确定性的函数。[4] 在这一理论中,发明人在作出是否进行发明的决策时,要考虑专利价值的期望(专利给权利人带来的获利大小与概率的乘积),实验阶段、开发阶段以及在进入市场后的专利价值的期望。这一期望与是否有专利保护相关。莫杰斯教授也提出,专利制度只需要关注“边际发明人”(marginal inventor),即在没有专利保护的情况下,进行发明与不进

[1] 熊文聪:《被误读的“思想/表达二分法”——以法律修辞学为视角的考察》,载《现代法学》2012 年第 6 期。

[2] 参见石必胜:《专利创造性判断研究》,知识产权出版社 2012 年版,第 110 页。

[3] Edmund W. Kitch, *Graham v. John Deere: New Standards for Patents*, The Supreme Court Review, Vol. 1966, p. 301.

[4] Robert P. Merges, *Uncertainty and the Standard of Patentability*, High Technology Law Journal, Vol. 7:1, p. 1 - 70(1992).

行发明的可能性相同的人;对于这类发明人,专利制度可能是决定因素。[1] 因此,在不确定性较高的领域,专利局和法院往往应当适当降低可专利性的标准,以使专利权人获得一个对继续进行研发投入的收益的正向期望,以弥补可能失败的风险。当然,令创造性边界完美地指向边际发明是困难的。针对不同的关注点,仍然有选择价值、连续发明、错误成本、互补发明等方面的许多理论在不断发展。[2] 当前的创造性判断方法是兼顾了创造性要件的制度功能和规则的可操作性而形成的一种折中安排。

在目前的人工智能技术发展阶段,使用人工智能生成技术方案仍然是一个带有不确定性的过程。在对创造性加以判断时,要结合人工智能相关辅助产品在相关领域的实际应用情况进行分析,动态更新对"本领域普通技术人员"的理解。当在某一领域利用人工智能进行发明创造处于初步探索阶段,尚不常见、不成熟时,更容易满足非显而易见性的要求。但如果在某一领域使用人工智能进行创新活动的情况比较普遍,一些利用人工智能的方法已经成为常规实验手段,具有较低的成本和较高的确定性,能够证明,从现有技术出发,通过包括人工智能在内的常规实验手段得到该技术方案对于本领域普通技术人员而言是显而易见的,则相关技术方案不能够满足创造性的要求。

未来,人工智能技术可能呈现迅速的、跳跃式的发展趋势。专利局在对专利申请进行审查时,需要密切关注各领域使用人工智能发明创造实践的发展,同时不可避免地面临更为复杂、更高成本的创造性判断难题。因此,在今后的专利制度构建中,可以考虑鼓励或要求使用人工智能创新的企业,在提交专利申请时披露人工智能的使用情况,从而达到

---

〔1〕 Robert P. Merges, *Uncertainty and the Standard of Patentability*, High Technology Law Journal, Vol. 7:1, p. 1 –70(1992).

〔2〕 See Vincezo Denicolò, *Ecomonic Theories of the Nonobviousness Requirement for Patentability: A Survey*, Lewis & Clark Law Review, Vol. 12(2), p. 443 –459(2008).

以低成本为专利局提供重要信息的效果，辅助解决创造性判断信息不对称的问题。

四、小结

人工智能生成技术方案的问题为专利法带来了新的考量：在新技术的影响下，如何平衡不同时代影响法律制度形成的学说和价值判断。对于专利制度而言，基于创造的自然权利学说尽管在历史上推动了专利制度的发展，但当代专利制度设计更侧重于效益主义的分析路径。专利法上通过专利主体适格性、创造性等一系列制度工具，对专利制度能够取得的制度收益与其制度成本进行调解，使其可以更好地适用于不同的技术领域和技术发展阶段。基于经济理性的功利主义或者说效益主义的价值取向存储在专利制度的概念、规则和实践之中。在过去相对新颖性等制度的实践中，专利法中的发明人就未必指向真正进行了创造性的智力贡献的人。专利授权要件之一的创造性判断，也是用以支撑效益合理性的重要制度工具。因此，在人工智能快速发展的当下，专利制度需要更加重视从效益主义的分析视角，更新和丰富对专利法基本概念和重要规则的解读，以更好地适应和促进人工智能生成技术方案的实践、创新和发展。

第五章　人工智能大模型训练中的著作权合理使用问题研究*

人工智能的发展也带来了更多对侵犯知识产权问题的讨论，引起对知识产权合理边界的反思。当前最为突出的焦点问题就是人工智能大模型训练中往往使用了海量的受到著作权法保护的作品，这种训练中的使用是否属于著作权控制的范围？是否构成合理使用或者在何种条件下构成合理使用？对这一问题的回答，将影响人工智能大模型的研制成本和竞争格局。

一、问题的提出

近十余年来，以机器学习为代表的人工智能技术有了显著进步，其巨大进步一方面源于算法的发展，另一方面也有赖算力的提升和大规模数据的使用。[1] 特别是美国开放人工智能公司（OpenAI）发布的基于其大语言模型（Large Language Model）的对话式人工智能系统ChatGPT，展示出了令人震撼的内容生成能力，以及一些逻辑推理、数学

---

* 本章内容是在笔者与汪赛飞合作的论文《大模型数据训练中的著作权合理使用研究》的基础上撰写的，论文原载《华东政法大学学报》2024 年第 4 期。

〔1〕 See Stephen McJohn & Ian McJohn, *Fair Use and Machine Learning*, *Northeastern University Law Review*, Vol. 12:1, p. 101 (2020).

运算能力。大模型可以有效地从大量数据中获取符号间的关联关系知识,并将知识储存在参数和数据中,[1]这能被应用于许多不同的领域,具有了一定程度的通用性。人们在许多领域都已经异常热切地展开了基于人工智能大模型的应用研发。

在当前的主流机器学习技术路线下,使用海量数据进行大模型训练对于人工智能技术的发展具有必要性。如果没有使用海量的高质量数据对人工智能大模型进行训练,ChatGPT 等生成式人工智能系统的发展将仍停留在理论预设阶段。我国许多研究者认为,训练数据的数量和质量差异,是制约国内很多人工智能大模型性能的主要原因之一。[2] 然而生成式人工智能的训练数据中往往包含大量受到著作权法保护的作品,这导致在生成式人工智能研发与著作权保护之间产生一定的张力和冲突。著作权法该如何评价机器学习中的作品使用行为,引起了世界范围内的广泛关注。当前美国已经出现了越来越多的人工智能企业与作者、版权方、作家协会等著作权人之间的诉讼。例如,美国《纽约时报》诉微软公司和 OpenAI 公司使用其受版权保护的作品训练 Copilot、ChatGPT 等大语言模型,[3]美国作者协会(authors guild)和十几位知名作者起诉 OpenAI 公司在训练其 GPT 模型时复制有关作品,[4]萨拉·安德森(Sarah Andersen)等视觉艺术家提起集体诉讼指控 Stability AI 公司的 Stable Diffusion、DreamStudio 等人工智能侵犯其著作权与商品化权等,[5]康科德(Concord)音乐集团等音乐出版商起诉安

---

[1] See Ding-Qiao Wang, *Accelerating the integration of ChatGPT and other largescale AI models into biomedical research and healthcare*, MedComm-Future Medicine, 2: e43, 5 (2023).

[2] 参见安筱鹏:《从 ChatGPT 到 AGI:大国博弈的入场券、主战场和主力军》,载《新经济导刊》2023 年第 3 期。

[3] See New York Times Company v. Microsoft Corporation et al., No. 23 - cv - 11195 (SHS).

[4] See Authors Guild et al v. OpenAI, Inc. et al., No. 1:23 - cv - 08292; Alter et al. v. OpenAI, Inc. et al., No. 1:23 - cv - 10211.

[5] See Andersen v. Stability AI Ltd., 3:23 - cv - 00201.

斯罗匹克（Anthropic）公司使用未经授权的受版权保护的歌词副本训练其人工智能产品 Claude 等。[1]

这些纠纷主要聚焦在两个方面。一是人工智能大模型训练过程中往往会对用于训练的作品进行复制，会产生作品用于训练是否侵犯著作权的争议；二是人工智能生成了与在先作品构成实质性相似的内容，是否构成侵权。"人工智能的训练"和"人工智能的输出"是两个具有关联性但可以分别讨论的过程。一方面，人工智能并不总被用于生成内容。许多经由海量数据训练的大模型可以被用于进行图像识别、语音识别等多种预测、判断，例如在我国国家标准《信息技术　人工智能　术语》以及欧盟《人工智能法》等文件中，人工智能系统都被定义为可以被用于产生预测、内容、推荐或决策的系统，[2]内容生成仅是人工智能的一种使用场景。现在一些大模型也被认为显示出通用性，能够用于完成多种不同任务。[3] 另一方面，即使是主要用于生成内容的生成式人工智能，训练时的数据训练和具体应用投放市场后的内容输出也是两个环节，其中涉及两项不同行为，即使输出端的行为被认为侵犯著作权，也不必然推导出大模型训练这一机器学习过程中对作品的使用侵犯著作权。

因此，本章聚焦"训练端"人工智能大模型在机器学习过程中使用作品进行训练是否侵犯著作权的问题，特别是其能否被认定为合理使用这一问题。技术的发展常常带来新的著作权保护边界的讨论。在这一轮大模型发展之前，一些国家和地区的立法、司法中已经对计算机分析、

---

〔1〕 See Concord Music Group, Inc. v. Anthropic PBC, No. 3:23 - cv - 01092.

〔2〕 参见《信息技术　人工智能　术语》，GB/T 41867 - 2022；See Clara Hainsdorf et al. , *The pre-final text of the EU's AI Act leaked online*, White & Case (Feb. 24, 2024), https://www.whitecase.com/insight-alert/pre-final-text-eus-ai-act-leaked-online.

〔3〕 例如，现在的大语言模型不仅仅可以用于内容生成，还可以辅助进行判断等。针对这一情况，前述欧盟《人工智能法》于最终版中特别在第 3 条第 63 款中进行了定义，即"通用人工智能模型"是指一个人工智能模型，包括在使用大量数据进行大规模自我监督训练时，无论该模型以何种方式投放市场，都显示出显著的通用性，能够胜任各种不同的任务，并可集成到各种下游系统或应用中。

文本数据挖掘过程中使用作品的合法性问题进行了回应，但各国立法仍然具有一定差异，并且面向大模型训练这一具体场景将如何适用法律也存在不确定性。欧盟在《人工智能法》中明确规定通用人工智能模型的提供者需要尊重欧盟的版权法，特别是需要采用先进技术来识别和尊重那些根据欧盟《版权指令》作出的明确表达的权利保留。这显示了欧盟对通用人工智能模型训练中版权作品使用的限制。美国以往在“谷歌图书馆”案和“抄袭检测服务”案等一些司法实践中对基于分析、检索等目的进行的大量作品复制以及为了检测抄袭进行的作品复制均作出了构成合理使用的判决，但这些判决中涉及的问题与当前主要引发争议的大模型训练中的复制问题仍然有一些区别。美国一些研究者也明确表达了大模型训练中的作品使用不应构成合理使用的观点。例如，美国贾斯汀·休斯(Justin Hughes)教授认为，广泛使用的生成式人工智能训练集Books3是由包含近20万盗版版权书籍的“影子图书馆”构成的，其模型训练中对作品的使用是一种“准表达性”(quasi-expressive)使用，是侵权行为。[1] 这些立法的差异、密集的诉讼纠纷和冲突激烈的观点都展示出在大模型训练中使用作品的合法性问题远未达成社会共识和国际共识。

人工智能大模型训练中的作品合理使用与传统文本数据挖掘及之前“小模型”时代的机器学习相比有一些不同点，这更引发了对这一问题进行关切的必要。首先，如前所述，对人工智能大模型的使用可能具有一定的通用性，不局限于单纯的预测、推荐等目的，例如基于文字作品训练的大模型，可以用于与用户进行各种类别的文字交互，回答用户输入的各类问题，例如对一个概念进行阐释，对一个商品进行介绍，对指定的文章内容进行概述或信息提取，根据提示词(prompt)生成一篇诗歌、

[1] Https://hls. harvard. edu/today/intellectual-property-experts-discuss-fair-use-in-the-age-of-ai/(last visited on March 15,2024.).

故事、论述文章等。而未来更多的人工智能大模型将是多模态的，即不仅可以进行文字交互，还可以进行语音、图片、视频等相关内容的分析和生成。相比之下，过往的文本数据挖掘技术往往用途较为单一，因此很多研究者认为文本数据挖掘中对作品的"复制"具有转换性，并且对于著作权人的影响有限。但是现在的大模型可能生成与既有作品实质相似的内容，或者类似传统人类作品的内容，使作者群体认为自己作品的市场受到了严重影响。大模型的"生成性"和一定程度的"通用性"则使合理使用的论证进一步复杂化，下文也将对此进行讨论。其次，目前普遍认为人工智能大模型的训练需要大规模、高质量数据，这一点也呈现出与以往技术明显不同的需求。以 OpenAI 公司旗下的 GPT 模型为例，GPT－3 使用超过 1750 亿参数的数据训练，使其体现出远高于 GPT－2 的"理解""推理"等能力；GPT－4 经过 100 万亿参数的训练。[1] 对于目前的人工智能技术而言，只有足够大的模型和训练数据量才能令其"涌现能力"（emergent ability）。[2] 而数据的质量和丰富性则更是直接关乎人工智能模型的性能、公平性、准确性和可靠性，直接影响使用者的体验与赋能程度。这是讨论此问题时不容忽视的技术特性，也需要从社会公共利益角度进行考虑。

在此背景下，本章以当前机器学习中最富争议性的大模型训练为例，首先对合理使用制度的功能进行讨论，对数字环境中的合理使用规则的回应进行回顾，提出合理使用问题的分析框架，接下来对人工智能大模型训练中作品的合理使用问题展开分析论述，并对我国制度构建提出建议。

---

〔1〕 See Marina Lammertyn, 60 + *ChatGPT Facts and Statistics You Need to Know in* 2024, invgate (Feb. 8, 2024), https://blog.invgate.com/chatgpt-statistics; Rand Owens, 40 + Important ChatGPT Statistics to Know (Aug. 10, 2023), https://www.polymersearch.com/blog/chatgpt-statistics. (last visited on March 15, 2024.)

〔2〕 See Jason Wei et al., *Emergent abilities of large language models*, Transactions on Machine Learning Research, 1 (2022).

二、合理使用的制度功能与基本分析框架

合理使用是著作权法得以不断适应社会发展，特别是在权利保护和新技术发展运用之间作出有效的利益平衡的重要制度工具。合理使用具有面向社会发展进行积极回应的重要功能，在数字技术发展过程中更是对著作权保护边界进行着不断的调整。许多国家已经通过立法、司法确立了面向计算机分析、文本数据挖掘的合理使用规则，以保障著作权法始终能够良好地服务于促进社会文化繁荣发展的目标。我国对合理使用的判断应当关注特定作品使用的社会价值和现实障碍，在“三步判断法”的框架下进行具体分析。

（一）合理使用制度的社会回应功能

著作权法具有明确的促进社会文化发展的立法目的。我国《著作权法》在规定保护著作权的同时，规定了“鼓励有益于社会主义精神文明、物质文明建设的作品的创作和传播，促进社会主义文化和科学事业的发展与繁荣”的立法目的。[1] 合理使用规则正是实现《著作权法》立法目的所不可缺少的重要制度工具。合理使用规则对美好生活的促进作用非常明显，其对信息自由、互联互通、共享共有理念的彰显与促进，对自由创作与竞争的追求等都反映了人类文明对美好生活的追求。哈佛大学的费舍尔（William W. Fisher）教授提出对合理使用规则进行重构的重要一部分在于推进一种公正而又有吸引力的知识文化，其制度目标在于实现美好生活（good life）、美好社会、分配正义等。[2]

尽管合理使用规则体现为对著作权的一种限制，但这种限制是基于著作权法的立法目的而积极建构的。“合理使用不应该被认为是一种

---

〔1〕《著作权法》第1条。

〔2〕 See William W. Fisher Ⅲ, *Reconstructing the Fair Use Doctrine*, Harvard Law Review, Vol. 101:8, p. 1745 – 1761 (1988).

奇怪的、偶尔可以容忍的对版权垄断这一宏大概念的背离。相反，它是（版权制度）整体设计的必要组成部分。[1] 著作权不是"赋予作者对其创造的绝对所有权（absolute ownership）"。相反，著作权旨在激励艺术活动的进步以丰富公众的知识，该目标通过允许作者从其创作努力中获得回报来实现；合理使用并非对法律体系指导原则的背离，遵守合理使用原则是实现法律目标的必要条件。[2] 著作权法需要平衡好著作权人与社会公众的利益，在"设权激励"的模式下实现促进社会文化创新的繁荣发展，促进社会整体的进步。合理使用规则正是其中一项重要的制度工具。合理使用规则的核心目的在于保障著作权范围内的喘息空间，[3] 允许在能够实现著作权激励功能的情况下，在作品的各种使用方式中分配一部分给社会公众作为公众的自由空间。

当代社会创新发展迅速，新的作品使用方式更是不断出现。合理使用规则作为实现著作权法利益平衡目标的重要机制，是面向快速发展的社会所需要的"回应型法"的具体体现。与"压制型法"和"自治型法"相区分，回应型法并非消极被动地回应社会，而是积极主动地回应社会，法律的实施机关需要顺应社会变革潮流而富有弹性地解释和适用法律。[4] 特别是如果僵化地适用著作权法将很难适应数字技术的发展。著作权法设立之初主要是面向文学艺术领域，其权利范围等规则主要是针对文学艺术作品而设置的，[5] 无论是在软件时代还是现在的智能时代，对法律规则的适用都需要有针对性地进行调整，以积极地回应社会

[1] See Pierre N. Leval, *Toward a Fair Use Standard*, Harvard Law Review, Vol. 103:5, p. 1110 (1990).

[2] See Pierre N. Leval, *Toward a Fair Use Standard*, Harvard Law Review, Vol. 103:5, p. 1110 (1990).

[3] See Campbell v. Acuff-Rose Music, Inc., 510 U. S. 569, 579 (1994).

[4] 参见[美]诺内特、塞尔兹尼克：《转变中的法律与社会》，张志铭译，中国政法大学出版社2004年版，第85～87页。

[5] 参见张吉豫：《软件反向工程的合法性及立法建议》，载《中国法学》2013年第4期。

的发展。当软件作为功能性产品被纳入著作权法中进行保护时，需要通过合理使用规则允许“反向工程”中作品的复制行为，同样，面对人工智能机器学习中对作品的复制也有必要通过合理使用规则实现著作权法对数字时代的回应，以适应当今社会对智能科技创新发展的迫切与正当的需求。

（二）数字环境中的合理使用规则的回应情况

技术发展引发的复制权范围及合理使用讨论并不是新问题。程序在计算机上运行时会自动产生从硬盘到内存空间的临时复制。例如，用户在网络中浏览信息时内存中会产生暂时性复制，网络中介服务提供者的计算机系统在用户信息传输过程中会产生自动复制，因特网浏览器为提高网页浏览效率会在计算机硬盘上形成缓存；等等。[1] 这些技术为了实现新的目的而存在对作品的复制行为，著作权制度都通过对“复制权”以及合理使用规则的解释，较好地协调了技术发展与著作权保护之间的张力。

新一轮科技革命下，著作权法的回应调整在世界各地普遍发生。在以大模型为基础的生成式人工智能取得显著进展之前，“文本数据挖掘”是著作权立法的重点关注场景。文本数据挖掘是指“旨在分析数字形式的文本和数据以生成信息的任何自动分析技术。”[2]日本很早就关注数据分析场景下的合理使用规则构建，包括2009年修订《著作权法》时规定了数据分析例外，在2018年将相关条文中的“信息分析”修改为“为了提供新的知识或信息”等，寻求不断扩张与数据分析有关的合理

---

〔1〕 参见吴汉东：《著作权合理使用制度研究》（第3版），中国人民大学出版社2013年版，第219～220页。

〔2〕 See Directive (EU) 2019/790 of the iean Parliament and of the Council of 17 April 2019 on copyright and related rights in the Digital Single Market and amending Directives 96/9/EC and 2001/29/EC ("Digital Single Market Directive").

使用条款的适用范围以促进人工智能产业的发展。[1] 日本在设置数据分析例外的时候,也明确了需要以不会不合理地损害著作权人的利益为前提,为必要的利益平衡考量留下空间。

欧盟对于信息技术环境下的合理使用问题也进行了比较早的回应。2001 年的《版权与信息社会指令》第 5 条规定,若临时的复制行为是短暂的或附随性的,且是一个技术性过程的不可分割的重要部分,且唯一的目的是在网络中传输或者合法使用作品,并且这种临时的复制不具有独立的经济意义,则该行为不侵犯复制权。[2] 随着数字科技的进一步发展,欧盟制定了"数字单一市场战略",[3] 于 2019 年通过《版权指令》,其中第 3 条规定了科研机构和文化遗产机构为科学研究目的进行文本和数据挖掘构成合理使用,第 4 条则规定了一般情况下的文本数据挖掘构成合理使用,但加上了一个比较关键的前提条件,即权利人没有以适当方式明确保留对上述作品或其他内容的使用,[4] 并规定了"仅在一定时间内保留等"要求、"不得对内容修改"等要件。法国《知识产权法》2021 年 11 月生效的第 L. 122 – 5 – 3 条的文本和数据挖掘例外条款,第 L. 342 – 3 条第(6)款的数据库挖掘例外条款等,也是对合理使用问题的回应。

与欧盟、日本的立法模式不同,美国主要通过在司法中进行合理使

---

〔1〕 参见万勇:《人工智能时代著作权法合理使用制度的困境与出路》,载《社会科学辑刊》2021 年第 5 期。

〔2〕 Art. 5, Directive 2001/29/EC of the European Parliament and of the Council of 22 May 2001 on the harmonisation of certain aspects of copyright and related rights in the information society.

〔3〕 See European Commission & COM 192 Final (2015). Communication from the Commission to the European Parliament, the Council, the European Economic and Social Committee, and the Committee of the Regions, a Digital Single Market Strategy for Europe. Document: 52015DC0192, Brussels.

〔4〕 See Directive (EU) 2019/790 of the European Parliament and of the Council of 17 April 2019 on copyright and related rights in the Digital Single Market and amending Directives 96/9/EC and 2001/29/EC ("Digital Single Market Directive").

用四要素判断来进行灵活的判断,更加具有弹性。在过往的信息技术发展过程中,美国通过司法判例明确了许多构成合理使用的具体情形,例如搜索引擎对于网站内容的复制和存储,[1]搜索引擎向用户提供缩略图,[2]抄袭检测服务中对大量参照文本的复制,[3]数字化海量书籍以用于分析和检索,[4]等等。这些合理使用制度回应为我们继续探索人工智能新时代的数字空间中的合理使用规则提供了启示。

但正如本章第一部分所述,大模型训练的具体情况与此前的这些情形相比具有一些自身的特点。面对人工智能大模型的迅速发展,著作权法需要仔细进行分析和利益衡量,以明确在训练阶段的作品使用是否可以构成合理使用。

(三)我国著作权合理使用的"立法论"分析框架

我国著作权法主要通过明确列举,规定了若干可以不经许可而免费使用作品的具体情形。为简化表述,本书就用"合理使用"来指代这种著作权的例外制度。我国的合理使用规则主要建立在最初设立于"伯尔尼公约"中的"三步检验法"框架之下。2020 年我国《著作权法》修改时,将"三步检验法"的要求明确引入《著作权法》条款之中,即规定了使用作品"不得影响该作品的正常使用,也不得不合理地损害著作权人的合法权益",以对可以不经许可而免费使用作品的著作权例外进行约束和指引。同时,在此次修法中,面对回应快速发展的社会的新需求的功能目标,我国也在合理使用条款中加入了弹性的条款,即"法律、行政法规规定的其他情形",为未来从立法层面引入新的类型提供了制度接

---

〔1〕 Field v. Google,412 F. Supp. 2d 1106 (D. Nev. 2006).

〔2〕 Kelly v. Arriba Soft Corp. ,336 F. 3d 811 (9th Cir. 2003).

〔3〕 A. V. ex rel. Vanderhye v. iParadigms LLC,562 F. 3d 630 (4th Cir. 2009).

〔4〕 Authors Guild,Inc. v. Google,Inc. ,804 F. 3d 202 (2d Cir. 2015).

口。[1] 在法治实践之中,我国需要充分利用这一制度改进,对于作品新的特定使用情况是否可以构成合理使用进行积极研究回应,以更充分地发挥合理使用的制度功能。

作为著作权制度中的重要规则,众多研究者和法官都对合理使用问题进行了深入分析和理论建构。经济分析方法是其中的重要范式。例如美国温蒂·戈登(Wendy Gordon)教授等认为,一种作品使用行为是否构成合理使用,具体需要考虑的要素包括三项:(1)市场失灵是现实存在的;(2)让使用者可以这样使用作品是符合社会利益的;(3)授予合理使用不会对著作权人的激励带来实质性损害。[2] 该理论既考虑了著作权法对权利人的激励与保护,同时考虑了积极促进文化传播提高作品使用率等目标,以实现著作权法追求的社会公共利益。基于这一理论,在明确推动使用符合公共利益的前提下,可以主要以经济分析为研究范式,一方面分析是否存在市场失灵而阻碍了这种使用,另一方面分析认定为合理使用是否会损害了对作者的激励。熊琦教授也提出,对合理使用的判断应当回归经济分析路径。[3]

另外,研究者们提出了"转换性使用""技术性使用""非表达性使用""非欣赏性使用"等一系列概念,可以作为讨论著作权合理使用的重要线索,指向较强的构成合理使用的可能性。这些概念在一定程度上都反映了共同的特点,即所讨论的作品的使用并非按照著作权法设置之初构想的方式进行的,因此通常更可能指向较强的公共利益,将其认定为合理使用也往往更可能不影响对作者的激励。"转换性使用"由美国皮埃尔·N. 莱瓦尔(Pierre N. Leval)法官提出,在后来众多法院审理的大

---

〔1〕《著作权法》第24条。

〔2〕 See Wendy J. Gordon, *Fair Use as Market Failure: A Structural and Economic Analysis of the Betamax Case and Its Predecessors*, Columbia Law Review, Vol. 82:8, p. 1613 - 1614(1982).

〔3〕 参见熊琦:《"二次创作"行为著作权合理使用认定的经济分析范式》,载《当代法学》2024年第1期。

量案件中得到了运用。莱瓦尔法官认为转换性使用是评价美国合理使用四要素判断法中第一要素“使用的目的和性质”的重点考虑方面，如果后续使用不是为了取代原作品的使用，而是在原作品之上加入了新的价值，即引用的对象是作为原始材料被使用，在创造新的信息、新的美学、新的洞见和理解的过程中被转换了，这就恰恰是合理使用原则为了社会的丰富性而希望保护的活动。[1]

我国目前的著作权合理使用规则建立在“三步检验法”框架下，但其中“正常使用”“合法权益”等概念的内涵和外延并不十分清晰。特别是面对新的作品的使用方式的出现以及可能产生的利益，往往会出现“利益延伸原则”和“利益适度原则”两种不同的观点。前者通常认为，新的作品使用方式延伸到哪里，著作权人的利益就大体应该随之延伸到哪里。后者则认为，著作权法分配给作者的经济利益以能够为作者进行创作提供必要激励为标准，著作权法需要在“保护（激励）和信息传播之间取得最有效率、最有生产力的平衡，以促进学习和文化的发展。”[2]

“利益延伸原则”通常在作者权体系中更受推崇，也曾具有较强的影响力。曾任世界知识产权组织助理总干事的米哈依·菲彻尔（Mihaly Ficsor）博士认为，“所有具有或者可能具有重大经济或实际重要性的作品利用方式，都应当保留给作者，对于这些作品利用方式，任何可能对作者的利益加以限制的例外都是不容许的。”在2000年涉及美国版权法的争端中，WTO争端解决专家组也对“作品的正常使用”做了比较广的解释。[3] 但从著作权制度的理论发展，特别是我国《著作权法》的综合性

---

〔1〕 Pierre N. Leval, *Toward a Fair Use Standard*, Harvard Law Review, Vol. 103:5, p. 1111 (1990). Also see Campbell v. Acuff-Rose Music, Inc., 510 U.S. 569 (1994).

〔2〕 See Whelan Assoc. Inc. v. Jaslow Dental Laboratory Inc., 797 F. 2d 1222 (3d Cir. 1986).

〔3〕 World Trade Organization, *United States-Section* 110 (5) *of the US Copyright Act*, 2000, WTO Doc. WT/DS160/R, https://www.wto.org/english/tratop_e/dispu_e/1234da.pdf (last visited on March 15, 2024.)

的立法目的来看，我们应坚持“利益适度原则”，重视良好地发挥合理使用制度的社会回应功能。著作权不能被理解为一种对作品的全部价值进行绝对保护的权利。如果努力使知识产权的权利人将他们的创造带来的好处全部内部化，将不可避免地打破正确的平衡。在知识产权领域，作者或者发明人应当获得与其创造相关的全部价值的理论是错误的。实际上在任何经济领域都不应当将社会效益完全内部化给特定的权利人。[1] 林秀芹教授曾批判“三步检验法”的立法技术缺陷和过严的限缩解释挤压和侵蚀了合理使用的适当空间，并且既没有提供可具体操作的规则，也没有提供合理使用的宗旨或价值目标。[2] 我国并非作者权体系的国家，崔国斌教授等学者也专门论述过我国立法中的功利主义目的。[3] 对“三步检验法”的过严解释将影响《著作权法》立法目的的实现。应当避免适用在作者权体系下更为常见的“利益延伸原则”，明确地坚持“利益适度原则”，寻找最能够促进文化繁荣发展、增进社会福利的最佳利益平衡点，塑造合理的著作权边界。

在我国目前的框架下，对是否要通过法律或行政法规设立新的合理使用情形的考虑，可以分为以下几个方面：(1)明确具体的使用行为，以及此类作品使用是否符合社会公共利益，是否具有明确的社会价值；(2)考虑该作品使用行为是否“不影响该作品的正常使用”。对“正常使用”范围过宽的解释将严重影响合理使用制度功能的实现。在是否影响作品的正常使用的判断中，备受关注的“转换性使用”是一个重要的线索。一般而言，具有强转换性的使用，往往会因为带来了不同于传统作品使用的新的价值而符合社会公共利益，通常应当被解释为不会影响

---

〔1〕 See Mark A. Lemley, *Property, Intellectual Property, and Free Riding*, Texas Law Review, Vol. 83:4, p. 1032, 1046 – 1058 (2005).

〔2〕 参见林秀芹：《人工智能时代著作权合理使用制度的重塑》，载《法学研究》2021年第6期。

〔3〕 参见崔国斌：《知识产权法官造法批判》，载《中国法学》2006年第1期。

作品原本的正常使用。(3)考虑是否存在此类作品使用的明显障碍,特别是是否存在市场失灵的情况。著作权保护会为作品使用带来一定的成本,但在很多情况下并不会明显阻碍作品使用。但如果在著作权市场机制下存在使用作品的明显障碍,则通常既构成了要设置合理使用的重要理由,又是证明设置合理使用不会不合理地影响著作权人的合法权益的重要论据。(4)检验该作品使用行为会不会"不合理地损害著作权人的合法权益"。检验的重点是在利益适度原则下判断该使用对作品市场的影响情况。当然,对于是否存在市场失灵、使用对于著作权人利益的影响情况可能会随着实践的发展产生变化等情况,立法需要具有一定的前瞻性和预防性,但应当主要基于当前的情况以及可以较为明确预见的发展进行分析。著作权法中对于"不得影响该作品的正常使用,也不得不合理地损害著作权人的合法权益"的要求将始终构成对合理使用进行判断的必要条件,为应对未来的重大发展变化提供保障。

三、大模型训练中作品合理使用的正当性分析

本部分在前述讨论的基础上,对人工智能大模型训练过程中使用作品应构成合理使用的正当性进行讨论。本部分将首先讨论大模型的价值以及在训练阶段对于使用海量的作品进行训练的需求,特别是其对作品的广泛性和高质量的意义;接下来分析大模型训练过程中作品使用的性质和目的及其与作品正常使用场景下的复制的差异;之后讨论大模型训练中作品使用的市场失灵问题,以及对权利人合法权益是否造成不合理影响的问题。

(一)大模型的价值及在训练中使用作品的需求

1. 人工智能大模型的特点及大模型发展的社会价值

在当前发展阶段,人们谈到的人工智能大模型往往具备以下三个特

点。“规模大,需达到百亿参数级别;涌现性,能够产生预料之外的新能力;通用性,不限于专门问题或者领域。”[1]第一个特点奠定了大模型的能力基础,后两方面特点使大模型有了广阔的应用潜力。许多具体的下游应用都可以在大模型的基础上得以开展。[2] 人工智能大模型的发展将会为人类的创新带来更多的途径和支撑,也会产生大量无法内化于著作权制度之内的重要价值,是提升国家竞争力和国家安全的重要战略性技术。

(1)大模型发展为人类创新提供新的模式和空间

创新是人类的重要需要。[3] 科学技术的进步使创作门槛得到降低,使普通人的创作需求更多地得到满足。相机的发明和进步使人们可以用拍照的方式记录和表达自己对于世界的观察和理解,数字化编辑方式的发展可以让普通人更容易地创作视频,而以大模型为基础的生成式人工智能的发展则为人类的创作提供了另一种有非常丰富的利用方式的工具,可以更好地为一般公众的创作、表达提供辅助和便利,一些艺术家也已经开始探索如何在自己的艺术创作中运用人工智能工具,有艺术家认为“新的技术能够让人站在更高的地方,看到更多元的事物”,“人工智能为创作者展现了更多可能”。[4] 允许和推动人工智能大模型的发展,实际上也是在推动与鼓励普通公众进行表达和创作,推动实现著作权法鼓励创作和文化发展的目标。

---

〔1〕 黄铁军:《大模型的过去与未来》,载《经济》2023 年第 9 期。

〔2〕 See Wayne Xin Zhao, Kun Zhou et al., *A Survey of Large Language Models*, arXiv: 2303.18223v13 [cs. CL], p. 2 – 3, https://arxiv.org/abs/2303.18223 (last visited on March 15th, 2024.).

〔3〕 William W. Fisher Ⅱ, *The Implications for Law of User Innovation*, Minnesota Law Review, Vol. 94:5, p. 1417 (2010).

〔4〕 参见《人工智能打开美术创作新空间》,载新华网 2023 年 8 月 23 日, http://www.xinhuanet.com/tech/20230823/72b1285692204c9cb77b8a5c0a06bfd5/c.html。

创新是一种社会现象,"每一位作家、作曲家和电影制片人在创作新作品时,都会借鉴前人的作品,而且大多数人都会受到同时代人正在进行的创作的激励"。[1] 新创作的作品通常都会蕴含过往作品的一些思想,人们可以通过学习已有的作品而实现更多的创作。已有作品的欣赏者也将成为新的创作者。

为实现人工智能对个人创新的推动,应当促进人工智能对已有作品的学习与使用,连接人工智能研发者、作者、社会公众等不同主体,以促进创新的方式推动更多社会个体实现从作品消费者到作品创作者角色的转变,这也是实现著作权法推动文化繁荣发展、实现美好生活的应有之义。

(2)大模型在文学艺术领域之外具有众多的功能创新和社会价值发展空间

人工智能大模型是一种新的分析、理解、生成符号组合的技术工具,其一部分应用场景会涉及著作权法考虑的文学艺术科学领域的作品的创作和传播,但其在社会中应用的功能远远超过了这一范畴。许多诉讼所针对的 ChatGPT 等基于人工智能大模型的生成式人工智能也是如此,其应用功能的范畴远超过生成作品的范围。人工智能大模型为人机交互提供了全新发展空间,使人们运用计算机完成各类任务的复杂度大大降低。人工智能大模型将成为新一代信息技术中的关键底层架构。德勤在 2023 年的研究报告中梳理了生成式人工智能在消费、金融服务、政府及公共服务、生命科学和医疗、工业、电信等行业中的 60 个重要应用,如对话式零售、市场分析、智能公共服务、医疗病史摘要、新药发现、基础设施映射、网络安全威胁检测,等等。[2] 基于大模型的矿山风险识

---

[1] William W. Fisher Ⅱ, *Reconstructing the Fair Use Doctrine*, Harvard Law Review, Vol. 101:8, p. 1729(1988).

[2] 参见德勤数智研究院:《生成式人工智能用例汇编》,载 https://www2. deloitte. com/cn/zh/pages/deloitte-analytics/articles/gai-use-case-compilation－1. html,2024 年 3 月 15 日访问。

别处置系统等应用已经投入使用,未来预期还可被应用于隧道、路桥等危险作业场景。[1] 正是因为这种广泛的应用可能,使人们对大模型从"智能涌现"到"价值涌现"产生了殷切期待。[2] 黄铁军教授认为,"长期来看,大模型会像水电煤一样,成为整个社会的基础设施"。[3] 当然,从技术能力的发展到大量优秀产品的落地和普及,还有许多创新工作需要开展。

习近平总书记指出,"我国经济已由高速增长阶段转向高质量发展阶段,正处在转变发展方式、优化经济结构、转换增长动力的攻关期,迫切需要新一代人工智能等重大创新添薪续力。"[4] 人工智能大模型具有重要的发展潜力和经济、社会价值,是打造新质生产力的重要引擎,[5] 其发展对于我国"引领世界人工智能发展新潮流,服务经济社会发展和支撑国家安全,带动国家竞争力整体跃升和跨越式发展"的重大战略部署的实现有重要意义。

2. 人工智能大模型研发中对于使用海量作品训练的需求

人工智能大模型的技术特性使其发展高度依赖可用的海量、高质量的训练数据。

首先,大模型如果希望取得好的效果,在目前的技术路线下,必须依赖海量的训练数据。近年来的人工智能发展显示了突出的"规模定律"

---

〔1〕 参见《陕煤建新煤矿等矿山接入阿里云通义 大模型"下矿"实时处置更安全》,载西部网,http://news.cnwest.com/yanan/a/2024/04/26/22556744.html。

〔2〕 参见《大模型扎根产业:从"能力涌现"到"价值涌现"》,https://baijiahao.baidu.com/s?id=1771442397106581885&wfr=spider&for=pc;松禾资本:《从大模型的"前世今生"看生成式人工智能的"价值涌现"》,http://www.pinevc.com.cn/article/1361.html,2024年3月15日访问。

〔3〕 参见《大模型竞争将如何演变?黄铁军:会成基础设施 各方终将归于协作》,载新浪网2023年6月16日,https://www.sohu.com/a/686215676_114988。

〔4〕 《习近平主持中共中央政治局第九次集体学习并讲话》,载中华人民共和国中央人民政府网,https://www.gov.cn/xinwen/2018-10/31/content_5336251.htm。

〔5〕 《周鸿祎:大模型是打造新质生产力的重要引擎》,载中国新闻网,https://www.chinanews.com.cn/cj/2024/04-28/10208203.shtml。

(scaling law),[1]即模型的规模大小极大地影响模型的能力高低,特别是研究者发现,在模型规模达到一定程度之后,可能出现一些在小模型中观察不到的能力,即前述所说的“涌现性”,或者称“智能涌现”的现象。[2] 与早期小型的模型不同,大模型的参数量规模极大,需要更大量且内容广泛的训练数据。[3] 因此,如果不能使用较大规模的数据进行训练,将几乎无法沿着当前主流的技术路线进行大模型的研发。这使著作权制度可能对人工智能技术的发展产生重大的影响,也成为特别希望进入这一市场的中小微企业所关切的问题。

其次,大模型发展不仅对训练数据的数量有要求,对其质量和丰富性也有非常高的依赖性。联合国教科文组织发布的《人工智能伦理问题建议书》中特别强调了确保多样性和包容性的伦理要求,指出会员国应努力让所有人都能获取“尊重多语言使用和文化多样性的人工智能系统”,提出“人工智能技术的发展需要相应提高数据、媒体与信息素养,并增加获取独立、多元、可信数据来源的机会”。[4] 数据来源的多元化也正是保障人工智能系统尊重多样性、包容性的重要基础。我国《生成式人工智能服务管理暂行办法》也规定,生成式人工智能服务提供者应当采取有效措施提高训练数据的质量,增强训练数据的多样性。[5] 确立这样的规范正是因为提升训练数据的质量和多样性,对于提升基于

---

〔1〕 J. Kaplan, S. McCandlish, T. Henighan, T. B. Brown, B. Chess, R. Child, S. Gray, A. Radford, J. Wu, and D. Amodei, *Scaling Laws for Neural Language Models*, CoRR, Vol. abs/2001.08361, 2020.

〔2〕 J. Wei, Y. Tay, R. Bommasani, C. Raffel, B. Zoph, S. Borgeaud, D. Yogatama, M. Bosma, D. Zhou, D. Metzler, E. H. Chi, T. Hashimoto, O. Vinyals, P. Liang, J. Dean, and W. Fedus, *Emergent abilities of large language models*, CoRR, Vol. abs/2206.07682, 2022.

〔3〕 See Wayne Xin Zhao, Kun Zhou, et al., *A Survey of Large Language Models*, arXiv: 2303.18223v13 [cs.CL], p. 13, https://arxiv.org/abs/2303.18223. (last visited on: March 15th, 2024.)

〔4〕 联合国教科文组织:《人工智能伦理问题建议书》,2021 年 11 月 24 日通过,第 6、19、20 页,https://unesdoc.unesco.org/ark:/48223/pf0000380455_chi,2024 年 3 月 15 日访问。

〔5〕 《生成式人工智能服务管理暂行办法》第 7 条第 4 项。

大模型的生成式人工智能本身的输出质量、避免歧视和偏见、保障内容和文化的丰富性都有着重要意义。

因此,用于进行人工智能大模型训练的数据集中,需要尽可能地包含高质量的作品,并尽可能地包含丰富和多样的作品类型和作品来源,以更好地满足技术性能的需要和保障社会伦理价值的要求。

(二)模型训练中的附随性复制与转换性使用

尽管人工智能大模型训练中需要使用大量作品,但使用的直接目的是产生能够反映训练作品集中符号的规律的模型,而并非提供用于训练的作品的复制件。因而针对这一过程中对作品的使用,并不会在市场上提供作品的复制品,不应被认为影响了作品的正常使用。我国科学院院士周志华教授指出,如果有的系统"把外界输入的信息全部记录下来,在需要时原封不动地取出来使用,这实际上没有进行真正的学习,仅是在进行信息存储与检索。"[1]这种检索类的系统不是本书讨论的对象。

1. 附随性复制

人工智能大模型训练中对作品的"复制"等使用是一种"附随性(incidentally)复制",也可以被称为"中间复制"(intermediate copying),是得到人工智能大模型的技术过程中的一环,训练后并不会将作品的表达直接存储在大模型之中,更并非抄袭或者制作复制件给第三方使用。

机器学习或模型训练是从数据中学得模型的过程,[2]"旨在通过向数据'学习'来设计方法与算法"。[3] 在训练过程中,通常需要将用于训练的大量数据复制在用于预处理或训练的服务器上,进行必要的质量

〔1〕 周志华:《机器学习》,清华大学出版社 2016 年版,第 11 页。

〔2〕 参见周志华:《机器学习》,清华大学出版社 2016 年版,第 2 页。

〔3〕 See Sergios Theodoridis, *Chapter 1 – Introduction*, in *Machine Learning* (*Second Edition*),1,8 (Sergios Theodoridis ed.,2020), https://www.sciencedirect.com/science/article/pii/B9780128188033000106 (last visited Apr. 7,2023).

过滤、去重、隐私去除、分词等一系列数据预处理,以供机器进行学习。[1] 这些训练数据中可能包含大量的作品。但这些作品的具体表达并不会被复制在模型之中。“在大模型的潜在空间(latent space)中并不包含作品的复制件,而是作品的聚合以及统计呈现(statistical representations)。”[2]在这种数据的使用方式中,对数据的复制并不在于对作品艺术价值的欣赏,也不在于将作品进行汇编以便未来将已有的作品按原有的方式呈现给使用者,而在于对大量作品背后的规律与特征的学习和提取。人工智能大模型一旦训练完成,模型本身就不再需要训练过的数据。以一些开源人工智能大模型为例,它们可以脱离训练数据、以独立的模型形态提供给社会公众。

正如本章在数字环节中的合理使用回应回顾部分所述,这类附随性复制的特殊性较早就受到了重视和特殊考虑,确立了一定的合理使用规则。欧盟在2001年的《版权与信息社会指令》第5条规定了相关合理使用条款;在2019年的《版权指令》的序言中也专门进行了解释,2001年《版权与信息社会指令》第5条中规定的临时的复制行为的例外将仍然适用于文本与数据挖掘,只要不涉及超过例外范围的复制即可。[3] 各国著作权法也都基本认同为了获得兼容性信息而进行软件反向工程的过程中的附随性复制构成合理使用。与一般作品复制行为相区分,对附随性复制行为的评价应当拒绝“利益延伸原则”。[4]

---

[1] See Wayne Xin Zhao, Kun Zhou et al., *A Survey of Large Language Models*, arXiv: 2303.18223v13 [cs. CL], p. 18 – 19, https://arxiv.org/abs/2303.18223. (last visited on March 15th, 2024.)

[2] See Andres Guadamuz, *Copyright Liability and Exceptions in Artificial Intelligence Inputs and Outputs*, GRUR International, Vol. 73:2, p. 114(2024).

[3] See Directive (EU) 2019/790 of the European Parliament and of the Council of 17 April 2019 on copyright and related rights in the Digital Single Market and amending Directives 96/9/EC and 2001/29/EC,序言第(9)段。

[4] 参见张吉豫:《软件反向工程的合法性及立法建议》,载《中国法学》2013年第4期。

2. 转换性使用

在前述分析中可以看到，大模型训练中对作品的复制等使用显然有着不同于作品原本使用方式的其他目的。复制要包含可版权作品的数据的目的在于创造一个训练人工智能的环境，使训练后的大模型可以从中“学习”到重要的规律，甚至涌现出推理等“智能”，以能够更好地完成更多类型的任务。以大语言模型为例，深度学习的先驱、图灵奖获得者杰弗里·辛顿（Geoffrey Hinton）教授指出，结构主义理论认为一个词的含义取决于它与其他词的关系，心理学理论认为一个词的意义就是一个非常大的语义特征的集合；大语言模型训练将二者进行了统合，学习每个词的语义特征，学习词的特征如何相互作用。符号的含义就存在于它与其他符号的关联之中。大模型所学习的“这些数百万个特征以及它们学习的特征之间数十亿次的交互”，就是理解。[1] 而这种对于构成人们表达、创作的基础的词语的“理解”，实际上一直处在著作权法保护的领地之外。大模型训练中对于作品使用的这种“转换性”目的，是其可以构成合理使用的重要基础。

此外，即使退一步，不仅考虑模型训练阶段的直接使用目的，而是考虑生成式人工智能的内容生成部分，前一节的分析中也充分展示了，除个别的违法使用之外，生成式人工智能并不以生成此前作品的复制件为目的，且生成式人工智能拥有广泛的技术应用场景，从对话式购物到矿山风险识别和处置，等等，这些也说明了，从更长链条来看，大模型训练中的作品使用也有着极强的转换性目的。

（三）大模型训练中作品使用许可的市场失灵问题

市场失灵是构成“合理使用”的重要理由之一。交易成本过高或一

---

〔1〕 参见《神经网络之父 Hinton 最新公开演讲：数字智能会取代生物智能吗？》，载微信公众号“卫 siri 说”2024 年 3 月 8 日，https://mp.weixin.qq.com/s/u72sPc0PxwIaQBFK-TCKJw。

些市场缺陷都可能会阻碍许可合意的实现。温蒂·戈登教授认为，在探讨合理使用的语境下，只要人们不能信任市场可以担任好社会资源的分配者，即表示市场失灵。这种失灵既包括技术上的失灵，例如由于交易成本、策略行为、收入和禀赋效应（endowment effects）等；也包括更严重的问题，例如在特定场景中不恰当地运用市场交易，即在一些场景下，市场在激励创造和传播方面不如其他一些模式。[1]

在人工智能大模型训练的场景下，市场失灵是现实存在的。

其一，合理定价困难，交易成本过高。大模型的训练需要海量的作品，但目前对此尚不存在明确可行的市场机制。让人工智能去寻找或对接数量众多且分散的权利人、进行许可谈判和支付许可费等事宜需要大量的交易成本。尽管集体管理组织可以发挥一定的作用，互联网平台也在理论上可以发展一些对接机制，但仍然存在许多非常突出的困难。一方面，集体管理等机制也具有明显成本。帕梅拉·萨穆尔森（Pamela Samuelson）教授认为，美国在过往的家庭录音法等一些领域采取的强制性集体许可制度是不太成功的；人工智能大模型覆盖的作品类型特别广泛，为每种类型的作品都创立有效的集体许可机制是不太可行的，且即使建立起了这样的机制，执行成本也会非常高，从人工智能企业收到的费用中的一大部分都会被用于支付给集体管理组织，著作权人收到的费用将非常有限，无法给著作权人提供有意义的经济支持。[2] 另一方面，人工智能大模型未来的盈利模式如何，究竟能够产生怎样的效益，很多人工智能大模型的研发者目前仍很难预测。不同类型作品对于模型训练的价值如何计算尚无成熟模式，不同权利人对于自己作品价值的认知也不尽相同，且禀赋效应往往使权利人对自己作品应收取的许可费评估

---

〔1〕 See Wendy J. Gordon, Daniel Bahls, *The Public's Right to Fair Use: Amending Section 107 to Avoid the Fared Use Fallacy*, Utah Law Review, Vol. 2007:3, p. 629 (2007).

〔2〕 See Pamela Samuelson, *Fair Use Defenses in Disruptive Technology Cases*, UCLA Law Review, Vol. 71, p. 79.

明显高于人工智能企业认为应支付的金额,更大大增加了交易谈判的难度。这种困难重重的谈判会带来巨大的社会成本。

其二,许可费堆积问题。不同于能够基于单件作品使用情况来进行付费的传统领域,在人工智能大模型训练中会需要将全部的作品用于训练,这将会存在许可费堆积(royalty stacking)问题,众多的许可费叠加将导致许可费之和过高而令人工智能企业无法正常开展商业活动。许可费的堆积不仅源自权利的碎片化,还源于各类权利持有人的增加,包括邻接权人、因技术措施等产生的权益人等。[1] 特定数据集上不仅存在每个作品的著作权,还可能存在对表演、录音录像制品的邻接权等。

由于可能的许可费数额的庞大,虽然头部大型企业可以承担,但是对于中小型企业或者初创企业来说显然是无法负担的。大型企业基于已有数据、算力来进行人工智能大模型训练,已经具有先天的成本等方面的优势。如果支付许可费才允许合法使用作品对人工智能大模型进行训练,这显然更加不利于那些往往更具有创新动力的中小型企业的发展,对于人工智能产业的竞争将会造成十分负面的影响,大模型的创新也将受到很大的阻碍。这也是本书认为法定许可在这里也不是一个合适的制度的重要原因。莱姆利教授指出,过度补偿著作权人会对市场造成损害,将扭曲市场使其偏离竞争准则,干扰其他创造者的工作能力而造成动态的低效率(dynamic inefficiencies)。[2]

其三,许可意愿的有限性和选择性问题。即使不考虑前述实际交易成本和许可费堆积的情况,也存在权利人许可意愿的有限性以及不同权利人之间的许可意愿的差异性问题。无论是企业还是著作权人等主体都希望锁住自己生产或持有的信息,但又需要他人的信息来为自己将来

---

〔1〕 See Jeremy de Beer, *Copyright Royalty Stacking*, in Michael Geist eds., the Copyright Pentalogy, University of Ottawa Press, 2017, p. 335 – 336.

〔2〕 See Mark A. Lemley, *Property, Intellectual Property, and Free Riding*, Texas Law Review, Vol. 83:4, p. 1058(2005).

的信息生产所服务。[1] 数据孤岛与数据封锁现象目前是普遍存在的。无论是针对竞争对手还是缺乏了解的新场景，权利人总是对许可或转让自己的权利心存担忧，特别是在网络经济、注意力经济之下更是如此，市场竞争者往往担心一个看似与自己无关领域的从业者也有可能抢走自己的流量，成为自己的竞争对手。这类经济的特点导致了许可意愿的有限性。市场无法成为在这种情况下进行有效配置的手段。

不同著作权人之间许可意愿的选择性、差异性则会影响训练出的人工智能大模型的质量。一方面，正如托马斯·曼加尼(Thomas Margoni)教授等所指出的，"由于无法与占主导地位的 AI 参与者竞争，小公司或新的市场进入者可能发现，在'更便宜'的数据上训练算法在经济上是有吸引力的，而这通常意味着更陈旧、更不准确或有偏见的数据，导致负担不起一级人工智能成本的公司开发出'次级'(second-class)的人工智能应用，从而助长算法歧视和不平等"。[2] 另一方面，拒绝许可的著作权人往往认为自己的作品具有较高价值，而这类更可能属于高质量的作品的缺失，也会使人工智能大模型的性能受到影响，影响其丰富性，形成内在的偏颇。这种问题同样可能是市场难以合理解决的。能够广泛获取的训练数据将使使用机器学习算法的人工智能系统变得更好、更安全、更公平。[3]

其四，人工智能大模型发展的公共利益考量。使用作品训练大模型所能产生的利益，已经远远超过了版权领域，其很难由市场进行合理配置。在医疗、自动驾驶、矿山作业等领域，大模型的能力将关乎人的生命

---

[1] See Margaret Jane Radin, *Copyright Defection*, Industrial and Corporate Change, Vol. 15:6, p. 990(2006).

[2] Thomas Margoni and Martin Kretschmer, *A Deeper Look into the EU Text and Data Mining Exceptions: Harmonisation, Data Ownership, and the Future of Technology*, GRUR International, Vol. 71:8, p. 687(2022).

[3] Mark A. Lemley & Bryan Casey, *Fair Learning*, Texas Law Review, Vol. 99:4, p. 748(2021).

健康。人工智能大模型的发展情况也关系国家竞争力和长久的国家安全。尽管随着交易成本的降低,在一些领域合理使用的必要性降低了,但是在满足一些公共需求(public needs)方面,合理使用的必要性一如既往,没有降低。[1] 以开源模型这一特殊模式为例,开源大模型不断推动人工智能领域的创新和应用。根据斯坦福大学《2024 年人工智能指数报告》,2023 年共有 149 个基础模型发布,其中 65.7% 是开源的。[2] 一旦用于训练的作品的使用障碍影响开源模型的发展,将会对后续人工智能的发展造成消极影响。

正因为人工智能大模型训练场景下著作权领域的市场失灵,合理使用规则的适用具有很强的正当性。这种市场失灵是切实的,且人工智能大模型对公共利益具有很强的正外部性。本章的最后将论述大模型训练对权利人的激励造成的伤害的有限性,如果不适用合理使用进行规制,将会阻碍人工智能技术与产业的发展。

(四)是否对著作权人合法权益造成不合理损害的问题

一项作品使用行为是否会“不合理地损害著作权人的合法权益”,是决定该类使用行为是否可以被归为合理使用的另外一项前提要件。但关于这里的“合法权益”的范围一直是人们争论不休的焦点。类似地,对于《美国版权法》合理使用判断四因素中第四项——使用对作品潜在市场的影响,[3] 同样在许多案件的审理中充斥着不同观点。美国联邦最高法院曾在判决中指出,这一因素“无疑是最重要的合理使用要

[1] Wendy J. Gordon, Daniel Bahls, *The Public's Right to Fair Use: Amending Section 107 to Avoid the Fared Use Fallacy*, Utah Law Review, Vol. 2007:3, p. 623 - 624 (2007).

[2] Stanford Institute for Human-Centered Artificial Intelligence, *Artificial Intelligence Index Report* 2024, p. 30, https://aiindex.stanford.edu/wp-content/uploads/2024/04/HAI_2024_AI-Index-Report.pdf. (last visited on March 15, 2024.)

[3] 17 U.S.C. § 107(4).

素”。[1] 这也反映了对这一问题进行分析的重要性。

数字科技的发展对著作权人合法权益影响的判断难点首先在于，一些数字科技的发展可能会创生出新的利益，这部分利益往往与之前基于作品的传播、欣赏产生的利益不同。例如，在“谷歌图书馆案”中，对于书籍的数字化复制和文字识别，是海量书籍的词频统计和检索功能得以实现的必要基础。词频统计、检索功能带来的利益并不在原本的图书销售市场之中。

本书认为，在这里我们同样要拒绝“利益延伸原则”的随意适用。高昂的许可费将构成进入市场的显著门槛，有限的、有选择性的许可将影响人工智能大模型的质量、丰富性和公平性，这使原本只调整文学艺术科学领域利益关系的著作权，对技术发展和市场竞争带来影响，这是我们需要警惕和避免的，也因此更加不能按照更偏向作者权体系的方式来解释和发展著作权。从目前的发展情况来看，人工智能大模型训练中的作品使用，不会不合理地影响著作权人的合法权益。主要理由包括以下几个方面：

首先，如前所述，人工智能大模型训练使用作品后得到的是一个存储了海量作品中的规律的大模型，并非作品的集合。大模型本身是一个技术领域的产品，不属于作品本身所在的文学艺术科学领域的市场。对于使用大模型可能生成侵权内容的情况，可以对于生成行为进行相应的规制，包括合理认定损害赔偿责任，以及要求采取一定的措施来避免生成明显侵权的内容。

其次，如果我们将大模型训练和后续生成内容两个环节联动起来考虑，也应当看到，人工智能大模型的正常用途并非复制、抄袭现有作品。人工智能大模型虽然可能生成与现有作品构成实质性相似的内容，但其更可能生成不构成实质性相似的内容，并且包括生成类似作品的内容之

---

〔1〕 See Harper & Row Pubrs. v. Nation Enterp. ,471 U. S. 539,566 (1985).

外的非常丰富的功能。不应当通过限制合法的训练作品的使用而影响大模型发展的能力和市场的公平竞争。对于使用端可能出现的侵权问题,应当在使用侧对人工智能系统或服务的提供者和使用者进行行为规范,合理分配注意义务,避免对著作权人权益的影响。

而对于美国一些诉讼中原告所主张的,生成式人工智能产生的内容,即使不构成实质性相似,也会侵害自己作品的市场利益,因此应当限制对版权作品的使用,这种观点是缺乏理论基础和现实证据的。一方面,新的文学艺术科学作品的产生和传播,是著作权法的核心立法目的,是著作权法所愿意鼓励的。如果产生的内容带来了市场竞争,也需要区分是由于在市场上提供了与既有作品构成实质性相似的内容,还是由于在市场上提供了新的内容。前者通常属于影响作品的正常使用、不合理地影响著作权人的合法权益的行为,应当在输出端进行行为规范,后者则在传统上一直是著作权法所希望去鼓励的。正如 Sega v. Accolade 案中,原告认为,被告在反向工程中进行的中间复制行为,是开发竞争性产品的第一步,导致了对自己产品的市场影响。法官在分析新的作品对于原有版权作品市场影响的时候指出,"在传播其他有创造性的作品以及这些作品中不受保护的思想的基础上产生有创造性的表达的增益,正是版权法旨在促进的目标。"[1]另一方面,一些研究者想象,未来人工智能可以生成与某位作家风格相似的作品,但在主题、情节和人物上都不会构成实质性相似,此时人工智能虽然没有产生原作品的"复制件",也会大大影响作者的市场乃至个人生活。[2] 这一想象在多大程度上会发展成现实仍然是高度不确定的。对于较高质量的人类作品,目前尚没有证据显示能够被生成式人工智能所替代。生成式人工智能反而为作者

〔1〕 Sega Enterprises Ltd. v. Accolade, Inc., 977 F.2d 1510 (9th Cir. 1992).

〔2〕 See Mirko Degli Esposti, Francesca Lagioia & Giovanni Sartor, *The Use of Copyrighted Works by AI Systems: Art Works in the Data Mill*, European Journal of Risk Regulation, Vol. 11:1, p. 65 – 68 (2020).

群体提供了更加开阔的创作空间。正如摄影技术影响了传统的艺术活动,但也打开了新的艺术空间,推动了曾以写实为最高理想之一的西方画坛的发展。艺术家罗比·巴拉特(Robbie Barrat)认为,“人工智能将成为本世纪最大规模的艺术运动之一”。[1]《纽约时报》举证了新闻作品市场的萎缩,但这应该说是整个互联网发展带来的结果。同时,真正关心时事新闻的人们,在理解生成式人工智能技术的局限性的基础上,更加不可能舍弃专业的新闻机构而转去依赖生成式人工智能。生成式人工智能可能成为一些创作的助力,但目前来看仍然无法取代很多人类的创作工作,特别是无法取代体现了人类的洞察力、深刻思想和细腻情感的作品创作。“知识产权法的合理性仅在于确保创作者能够获得足够价格的金钱,以确保获得足以收回固定和边际开支的利润”。[2] 当权利人的成本可以收回,著作权法激励创作的目标就依然可能实现。因此不宜在新兴技术发展的初期就将可能带来的损害认定得过于严重。退一步讲,即使未来这种想象成为现实,确实反映了人工智能对于作者群体以及人类创作的不合理影响,也有很多利益平衡机制值得综合考虑,例如基于在输出端的此类使用情况进行专项税收等,而非在训练端对拥有宽广的应用领域的人工智能大模型或生成式人工智能在训练中的作品使用进行限制。生成用于欣赏的作品只是生成式人工智能应用前景的一部分,这在进行法律判断时需要始终注意。

最后,需要说明的是,在认定模型训练中的作品使用构成合理使用的同时,著作权人仍然可以与大模型研发方、部署方进行多种形式的合作。例如,互联网上公开提供的一些摄影作品、美术作品都并非非常高清的大尺寸图像文件,著作权人可以提供不能够公开获得的超高清晰度

---

〔1〕《六位艺术家用人工智能塑造未来》,载环球网 2019 年 1 月 30 日,https://baijiahao.baidu.com/s?id=1624068338852760770&wfr=spider&for=pc。

〔2〕See Mark A. Lemley, *Property, Intellectual Property, and Free Riding*, Texas Law Review, Vol. 83:4, p. 1057(2005).

的作品，集体管理组织或其他主体可以开设提供作品集合的服务，以及开发专门用于训练的数据产品，通过合理的价格向人工智能研发方提供，研发方也有动力在减轻自己的收集成本的同时，与著作权人建立更加和谐合作的机制，以实现共赢。

四、机器学习合理使用与输出端治理规则的构建

（一）机器学习合理使用规则的构建

我国《著作权法》第 24 条第 1 款第 13 项规定了合理使用可以包括“法律、行政法规规定的其他情形”，为《著作权法》通过合理使用规则更灵活地调整著作权法的保护范围提供了可能。在对“文本和数据挖掘”场景合理使用的讨论中，万勇等学者就提出以此条款为接口，通过《著作权法实施条例》引入“文本和数据挖掘”例外条款。[1] 面向人工智能时代的社会发展需要，亟须通过修改《著作权法实施条例》或在人工智能相关立法中建立具体的规则，来明确大模型训练这种机器学习的过程中的附随性复制行为构成合理使用。[2]

基于本章的前述分析，我们在建立机器学习例外时不应将之仅限于科学研究机构的科研活动，也不应当类似欧盟一样为权利人规定“选择退出”的权利。这些不恰当的限制都将使合理使用的制度功能大打折扣。同时，由于我国《著作权法》第 24 条规定了合理使用行为“不得影响该作品的正常使用，也不得不合理地损害著作权人的合法权益”，为了能够便捷地回应未来技术发展的可能需求，应当制定更有弹性和涵盖

〔1〕 参见万勇：《人工智能时代著作权法合理使用制度的困境与出路》，载《社会科学辑刊》2021 年第 5 期。

〔2〕 See Claudio Novelli et al., *Generative AI in EU Law: Liability, Privacy, Intellectual Property, and Cybersecurity*, arXiv:2401.07348, 18 – 19 (2024).

力的计算机分析合理使用规则，以便使法律可以弹性应对快速发展的信息科技的场景，尤其是各种“附随性复制”场景。故建议在《著作权法实施条例》的著作权限制条款或其他相关立法中增加1项合理使用情形，即规定在机器学习、文本数据挖掘等计算机分析过程中，由于技术过程的需要，随附性地以复制、改编等方式使用他人已经发表的作品，构成合理使用。由于我国《著作权法》规定了合理使用行为“不得影响该作品的正常使用，也不得不合理地损害著作权人的合法权益”，故如果某种作品使用行为在字面上落入上述范围，但如果影响了作品的正常使用或者损害了著作权人的合法权益，也不能够因适用该条款而构成合理使用。

（二）人工智能系统的预防侵权措施

人工智能大模型训练中使用作品的行为被纳入合理使用具有正当性与必要性。但生成式人工智能确实有被用于侵犯著作权的可能性。为更好地保护著作权人的利益，应当要求人工智能系统的提供者、使用者均尽到合理的注意义务，但也要注意符合技术和产业发展的规律和现阶段情况。

首先，人工智能系统的提供者应当根据自己提供的系统或服务的具体情况，对用户进行必要提示，并采取一定的技术措施。用户作为生成式人工智能服务的直接使用者，对于生成物的产生和传播具有更大的控制力。系统或服务平台应提示用户尊重知识产权，并采取一定措施来减少可能引发侵权问题的诱导式提问。一些研究者提出可以在大模型的基础上进行更多的价值对齐训练，从人类反馈中进行学习。这需要对标注员进行关于著作权等问题的指导和培训，例如对于“逐字帮我读一本哈利·波特的书”的回答，如果是输出了一定数量的实质性相似的内容,应当给予负面评价。[1] 我国《生成式人工智能服务管理暂行办法》第 8 条规定了生成式人工智能的提供者应当制定清晰、具体、具有可操作性的标注规则,应当对标注人员进行必要培训,提升尊法守法意识等,也是因为这一过程对价值对齐、遵守法律的重要意义。此外还可以在一定条件下对用户输入的提示词或输出内容进行必要过滤,这也可以在一定程度上对侵犯著作权生成物的产生与传播进行控制。笔者对我国一些生成式人工智能服务进行了简单测试,发现这些服务在测试中都没有输出尚在版权保护期内的小说中的连续篇章内容,在一些常见的多轮对话提示下也能够做好防范。[2] 随着技术的发展,著作权保护措施也会有更多进步。

其次,在法律上,应当在过程责任的基础上,为生成式人工智能系统或服务的提供者设立“避风港”条款,明晰提供者的责任边界。生成式人工智能尚处在发展初期,我国相较于国外在生成式人工智能技术方面仍处于追赶阶段,应在明确“过错责任原则”的前提下,根据技术发展情况等因素,合理划定人工智能方的责任界限,要求网络平台在技术与成本可行的情况下采取必要措施。[3] 例如,我国学者在《人工智能法示范法 2.0(专家建议稿)》中建议,人工智能的提供者知道或者应当知道使用者利用其提供的产品或服务侵害他人知识产权,未采取必要措施的,与使用者承担连带责任。提供者有证据证明采取了对生成内容标识、提示用户、建立知识产权保护规则和投诉机制的措施的,不与使用者承担

---

〔1〕 See Peter Henderson, Xuechen Li, Dan Jurafsky, Tatsunori Hashimoto, Mark A. Lemley and Percy Liang, *Foundation Models and Fair Use*, Journal of Machine Learning Research, Vol. 24, p. 25(2023).

〔2〕 在 2024 年 3 月进行了一些简单测试,测试的生成式人工智能服务包括文心一言、通义、豆包、Kimi。不同应用的控制程度不同。例如 Kimi 直接反馈,“由于版权保护,我不能提供第一章的完整内容”。

〔3〕 参见张吉豫、汪赛飞:《数字向善原则下算法推荐服务提供者的著作权注意义务》,载《知识产权》2022 年第 11 期。

连带责任。[1] 这正是一个有益的合理明晰人工智能提供者责任范围的示范。

最后,应当进一步促进社会上的数据流通,增加数据训练量。如果不是诱导式提问,且机器学习的数据量足够庞大,并注重进行了对训练数据中重复内容的清洗,生成物与特定作品实质性相似的概率会大大降低。此外还应加强人工智能提供者、网络平台与著作权人的合作,可以鼓励生成式人工智能提供者或部署生成式人工智能服务的网络平台通过寻求著作权人的许可,添加指向与提示词或输出内容相关的作品的链接,向用户推荐其喜欢的风格的作者的联系方式,建立人工智能企业与艺术家的合作创新计划等各种机制来实现合作和共赢,让著作权人在生成式人工智能服务发展中获得更多流量和收益机会。

通过对生成式人工智能的输出端的科学治理,人工智能训练端对作品的使用将可以在更大程度上促进人工智能的发展,并能够在后续技术的使用中秉持智能向善的原则服务社会。

五、小结

通用人工智能尽管引起了人们的一些担忧,但仍然是一个令人激动的探索。人们似乎已经触及有一定通用性的人工智能的实现路径,但仍有很多研发创新的工作需要去开展和摸索。当前的探索路径中离不开对海量高质量数据的使用。通过海量数据的训练,大模型习得了很多关联关系,也涌现出一些研发者也意想不到的能力,引起人们的高度关注和继续探索。如何合法高效地促进人工智能大模型训练中作品的使用不仅是著作权法的问题,也是技术问题、发展问题。为促进美好生活的实现,著作权法需要平衡和协调好著作权人、人工智能研发方以及社会

---

〔1〕《人工智能法示范法 2.0(专家建议稿)》第 70 条。

公众之间的利益,促进社会在文学艺术与科学领域的创新发展。创设于文学艺术领域的著作权法面对科技的高速发展与应用,需要通过著作权法内的合理使用等规则进行积极回应,防止著作权法成为技术进步的不当障碍。基于大模型的生成式人工智能为人们的创新提供了更多的可能性,同时具有非常广阔的应用领域,为各行业的发展都提供了新的助力,对国家竞争力和国家安全有重要意义。在当前明显存在训练端作品许可的市场失灵,但对于著作权人的利益存在不合理影响却没有明确依据的情况下,我国应当明确建立训练端的机器学习合理使用规则,以鼓励人工智能技术的创新发展和公平竞争,同时通过输出端治理和鼓励著作权人与人工智能企业的合作,来实现双赢的局面。

第六章　智能时代著作权算法实施及其规制的理论基础

人工智能和算法技术的发展,也为著作权保护带来了科技与法律相结合的新的模式和机遇。科学技术的发展水平深刻影响人们认识世界和改造世界的能力,勾勒人们的生活和社会组织形态的可能边界。人工智能、大数据、云计算、移动互联网、区块链等日新月异的信息技术不断推动着信息网络空间的高速发展。随着信息网络空间日益成为人们工作生活越来越重要的场所,社会经济文化生活日益信息化、数字化,可以自动化、智能化地分析处理大量信息的算法在信息网络空间中得到迅速普及,这对信息网络空间及线下物理世界中人们的行为和社会秩序产生日益深刻的影响,[1]人类开始迈入智能社会。算法在网络空间中的运用引起了日益广泛的关注。一方面,人们对算法使用中的算法歧视、算法"黑箱"、算法滥用、算法错误等问题产生疑问和忧虑,引发了社会对

---

〔1〕 算法对物理世界的影响主要体现在两个方面:一方面,算法被应用在对自动驾驶车辆、智能机器人等现实物理装置的控制,对物理世界产生直接影响;另一方面,算法处理的数据和决策对象可以通过认证机制和算法识别机制来与物理世界中的人、事、物建立直接映射,进而算法在信息空间中的分析和决策也将对物理世界产生实质影响。这方面正如我国学者胡凌所述,"物理世界和赛博空间之间的界限变得愈加模糊不清",物理空间中各种资源(人、物品、社会关系、生产要素)日益数字化,"通过账户进行认证和识别,从而便于在赛博空间中调配匹配"。参见胡凌:《超越代码:从赛博空间到物理世界的控制/生产机制》,载《华东政法大学学报》2018 年第 1 期。

算法规制的高度关注;另一方面,人们也关注到智能算法等信息技术对社会生产和生活、社会和国家治理新机制的赋能和支撑。党的十九大报告提出,要“提高社会治理社会化、法治化、智能化、专业化水平”。[1] 法治化和智能化等方面的共同进步和有机结合将为新时代中国社会治理提供重要的创新机制和有力支撑。

“法律的生命力在于实施。”[2]在智能社会中,法律的算法实施(或称“通过算法的法律实施”)是法学理论研究和法治体系建设中不可忽视的重要组成部分。[3] 算法之本义为任何有明确定义的计算过程,该过程接收某个值或值的集合作为输入,并产生某个值或值的集合作为输出。这样,算法就是将输入转换为输出的计算步骤的序列,[4]即算法是面对“怎么做”的问题所提出的解决问题的具有可操作性的具体步骤。在当代语境下,算法通常被限缩界定为可以由计算机等具有信息处理能力的装置所执行的解决某一问题的具体处理过程。本书即用“法律的算法实施”这一表述,来指代法律通过在计算机等具有信息处理能力的装置上所运行的算法而在社会中被执行、适用和遵守。

---

[1] 中共中央宣传部编:《习近平新时代中国特色社会主义思想学习问答》,学习出版社、人民出版社 2021 年版,第 348 页。

[2] 《中共中央关于全面推进依法治国若干重大问题的决定》,人民出版社 2014 年版,第 15 页。

[3] 法律的算法实施在近十余年中引起了越来越多学者的关注。参见[美]劳伦斯·莱斯格:《代码 2.0:网络空间中的法律》,李旭、沈伟伟译,清华大学出版社 2009 年版;Ian Kerr, *Digital Locks and the Automation of Virtue*, in Michael Geist (ed.), *From "Radical Extremism" to "Balanced Copyright": Canadian Copyright and the Digital Agenda*, Irwin Law, 2010, p. 247; Kenneth A. Bamberger, *Technologies of Compliance: Risk and Regulation in a Digital Age*, *Texas Law Review*, Vol. 88: 4, p. 669 – 739 (2010); Helen Nissenbaum, *From Preemption to Circumvention: If Technology Regulates, Why Do We Need Regulation (and Vice Versa)?*, *Berkeley Technology Law Journal*, Vol. 26:3, p. 1367 – 1384 (2011)等。

[4] 参见[美]Thomas H. Cormen、Charles E. Leiserson、Ronald L. Rivest、Clifford Stein:《算法导论》(第 3 版),殷建平等译,机械工业出版社 2012 年版,第 3 页。

近年来，在网络平台中越来越多地使用算法来支撑法律的实施。[1]这既使法学研究者关注到算法实施可能带来的积极意义，[2]也引起了法学研究者对网络平台中法律的算法实施所引起的新问题的高度关注。例如，法律的算法实施是否实质上导致一部分执法权、裁判权甚至立法权汇聚为一体并被分散的网络平台所拥有，[3]由此引起的权力格局和社会结构关系的变化会带来怎样的影响，[4]如何规范平台在算法设计和运行中侧重商业目的而非立法目的或公共利益目的的问题[5]等，并且可能引起社会公众关于科技异化、风险泛在、人的主体性迷失等方面的担忧。对法律算法实施的收益和风险应如何评估，在何种情况下社会应允许或推进某一方面法律的算法实施，应如何建设和发展法律的算法实施机制，对其应如何有效地规制，均是值得法学界关注和研究的问题。面对这些新的问题，需要在既有理论的基础上结合具体领域中的实践进行研究，以不断推动相关法理和法律制度的发展完善。

---

〔1〕 See Maayan Perel & Niva Elkin-Koren, *Accountability in Algorithmic Copyright Enforcement*, Stanford Technology Law Review, Vol. 19, p. 478 – 480 (2016).

〔2〕 例如，我国研究者提出，“当代信息和数据技术的发展和应用，将有望全面降低法律场景中与规范制定和执行有关的信息成本，由此显著地改善法律实施效果”。该文中亦讨论了“借助技术改善法律实施可能引入新的问题”。戴昕、申欣旺：《规范如何“落地”——法律实施的未来与互联网平台治理的现实》，载《中国法律评论》2016 年第 4 期。再如，崔国斌教授指出，通过修改著作权法，“引导网络服务商与著作权人合作建立合理的版权内容过滤机制，自动识别和阻止用户的版权侵权行为”，“将节省著作权人监督网络和发送侵权通知的成本，也降低网络服务商处理侵权通知的成本”。崔国斌：《论网络服务商版权内容过滤义务》，载《中国法学》2017 年第 2 期。

〔3〕 参见[美]Thomas H. Cormen、Charles E. Leiserson、Ronald L. Rivest、Clifford Stein：《算法导论》(第 3 版)，殷建平等译，机械工业出版社 2012 年版，第 3 页；[美]克里斯托弗·斯坦纳：《算法帝国》，李筱莹译，人民邮电出版社 2017 年版，第 197 页。

〔4〕 参见齐延平：《论人工智能时代法律场景的变迁》，载《法律科学(西北政法大学学报)》2018 年第 4 期；马长山：《智慧治理时代的社会组织制度创新》，载《学习与探索》2019 年第 8 期。

〔5〕 参见戴昕、申欣旺：《规范如何“落地”——法律实施的未来与互联网平台治理的现实》，载《中国法律评论》2016 年第 4 期。

自20世纪90年代初起，著作权领域就处在法律的算法实施的前沿。[1] 本章拟以网络空间著作权算法实施的实践和发展为例，首先分析信息网络空间科技与著作权法的积极互动，介绍科技发展对网络平台中著作权的算法实施的推动情况，分析在司法和立法中体现的，对于用户分享的内容，网络服务提供者在一定情况下自动审查和过滤用户上传的侵犯著作权内容的义务；其次说明著作权法在网络平台中借助算法实施的必然性和积极意义，论述算法实施是信息网络空间法律实施的重要维度；最后在智能社会相关法理信念的指引下，探索完善著作权算法实施的规制和辅助机制。

一、著作权算法实施的科技促成与法治推动

（一）科技发展与网络平台中著作权算法实施的自发实践

回顾过往可见，技术的发展一直对著作权法有着重要影响，而互联网的迅猛发展更是带来了对著作权制度的不断挑战。Web 1.0 时期，互联网网页内容往往是由网页创建者自身提供的。Web 2.0 时期，网络平台为用户提供了丰富多样的表达自我、在线交流、分享内容等服务，普通用户可以非常方便地通过网络平台分享自己的观点、见闻、照片、视频，以及进行集体创作。这一时期，互联网用户上传数据量开始持续上升，类似“人人都是创作者”“每个人都是生活的导演”[2] 等口号开始流行，互联网上的内容呈现多样化的爆发式增长。

---

〔1〕 数字化复制和传播的便利，催生了各种技术保护措施和数字权利管理系统，《著作权法》也加入了禁止破坏技术措施等规定，也曾引起很多争议。See Maayan Perel & Niva Elkin-Koren, *Accountability in Algorithmic Copyright Enforcement*, Stanford Technology Law Review, Vol. 19:3, p. 484(2016).

〔2〕 当时中国较大的个人创作视频分享平台“土豆网”的宣传语即“每个人都是生活的导演”。

从20世纪90年代Web 2.0的萌芽期开始,网络服务提供者对用户上传和分享的侵犯他人著作权内容的责任问题开始得到关注。美国《数字千年版权法案》(Digital Millennium Copyright Act)中确立的以"通知—删除"规则为核心的避风港规则,为我国及世界很多国家和地区所借鉴。即使在未规定避风港规则的国家,由于谷歌等一些美国网络公司业务的全球性业务实践,"通知—删除"规则也成了全球性标准。[1] 在该规则下,网络平台不需要主动审查用户上传的内容是否侵犯他人著作权,除了在实际知道或依据红旗规则有理由知道侵权行为存在时应承担责任外,只需要承担基本的"通知—删除"义务。

"通知—删除"义务实施到今天,大型网络平台收到的要求删除侵犯著作权内容的通知数量已经相当庞大。根据谷歌2019年《透明度报告》[2]披露的数据,谷歌至今收到的以版权问题为由的删除通知已接近43亿,其中有著作权人发送的通知,也有侵权举报组织发来的通知。"删除你的媒体有限责任公司"[3]仅在2017年2月13日一天就要求移除3,644,439个网址。[4]

---

[1] See Kristofer Erickson & Martin Kretschmer, *Empirical Approaches to Intermediary Liability*, in Giancarlo Frosio (ed.), The Oxford Handbook of Intermediary Liability Online, Oxford University Press, 2019, Chapter 5, p.208. 谷歌2019年《透明度报告》中记载,"我们的政策规定,如收到指称相关网址涉嫌侵犯版权的明确通知,我们必须对其做出回应。我们在网络表单中指定的通知形式符合《数字千年版权法案》的规定,为世界各地的版权所有者提供了一种简单高效的举报机制"。https://transparencyreport.google.com/copyright/overview,2025年3月25日访问。

[2] 参见谷歌2019年《透明度报告》,https://transparencyreport.google.com/copyright/overview,2019年7月2日访问。

[3] 参见删除你的媒体有限责任公司主页,http://removeyourmedia.com/,2019年7月2日访问。

[4] 这并非一个特殊的例子。如英国唱片产业(the British Phonographic Industry, BPI)有限公司仅在2017年5月22日一天就发送通知要求移除侵犯著作权的3,622,927个网址等。参见谷歌2019年《透明度报告》,https://transparencyreport.google.com/copyright/overview,2019年7月2日访问。

通知数量的激增有两个方面技术发展背景：一是用户上传和分享内容数量的增长。随着网络普及性和速度的不断提升，数字化复制和辅助创作工具的不断发展，人们可以随时通过移动互联网访问、复制和再分享版权内容，同时人们的表达习惯也随之变迁，很多用户开始用视频来记录生活和表达思想感情，其中很多用户也混合使用了他人拥有著作权的音乐或照片等元素。二是自动化侵权检测算法的运用。很多著作权人采用第三方机构提供的服务来进行侵权检测和通知发送。例如，前述曾在一天内给谷歌发送通知要求移除 364 万个网址的“删除你的媒体有限责任公司”，可以提供“24/7/365 自动监测”和发送侵权通知等服务。[1] 再如，中国版权协会版权检测中心采用基于人工智能和云计算的版权内容指纹特征比对技术，提供不间断的版权监测、下线处理和版权预警等服务。[2]

面对海量通知和著作权人的维权需要，一些企业已自愿采用著作权法规定的“通知—删除”之外的自动化侵权检测技术。油管(YouTube)的内容身份(Content ID)系统是主动建设的自动化著作权侵权检测及处理系统的典型代表。国内许多大型平台也建立了不同程度和样态的自动侵权检测系统，例如，“百度文库”的版权作品过滤系统(“DNA 反盗版文档识别系统”)，微信公众号原创声明制度；等等。因此可以看到，科技的发展为著作权算法实施带来了可行性和切实需求。无论法律是否规定网络平台在一定条件下具有主动检测侵

---

〔1〕 参见删除你的媒体有限责任公司主页中的“解决方案”，http://removeyourmedia.com/solutions/，2019 年 7 月 2 日访问。

〔2〕 该中心网站中说明：“依托技术支持单位冠勇科技在人工智能、云计算、版权大数据分析等方面的先进技术，运用其自主研发的‘指纹特征比对技术’，为影视、体育、音乐、图文、游戏等类型作品，提供 7×24 小时不间断监测，监测范围涵盖 PC 端、移动端 App、智能电视、机顶盒等全球网络播放平台，且针对公众号、云盘、聚合 App 网络直播等新型平台使用版权大数据监测平台子系统进行分类监测，从亿万海量信息中快速确定侵权内容。”中心的服务内容还涵盖版权登记、互联网版权认证、电子取证等。参见中国版权协会版权检测中心主页，http://www.12426.cn/index.html，2019 年 7 月 2 日访问。

犯著作权内容的义务，自动化的侵权检测算法在事实上已经被应用在平台之中。

（二）网络平台中著作权算法实施的司法引领

随着技术的发展，美国《数字千年版权法案》中的“避风港”规则的局限性日益显现。中国司法实践中对网络服务提供者是否构成共同侵权的判定标准的变化就是针对这一局限的创新，特别突出地体现在对“知道”“应知”的解释上。

在《信息网络传播权保护条例》通过之初，我国法院普遍认同网络服务提供者只要在用户通知其在网站上有侵犯其著作权的内容之后及时将其删除，就可以免责，即不构成共同侵权。随着网络带宽的发展，支持用户上传和分享内容的视频分享平台开始在中国发展。司法实践开始重视电影等涉及利益较大、经济效益具有较高时间敏感性的作品的侵权救济问题。电影作品在影院上映之后的那段短暂时间是该类作品收入的最重要来源，下线后的一段时间则是其在互联网点播等市场上获得收益的峰值时期。如果著作权人仅能或主要是依据“通知—删除”规则来维护自己的权利，则其权利无法获得有效的保护。面对这一现实情况，中国一些法院对“应知”的判断进行了发展，例如，在“疯狂的石头”案、[1]“海角

---

〔1〕 新传在线（北京）信息技术有限公司诉上海全土豆网络科技有限公司侵犯著作权纠纷案，上海市第一中级人民法院（2007）沪一中民五（知）初字第129号民事判决书；上海市高级人民法院（2008）沪高民三（知）终字第62号民事判决书。该案一审判决指出，影视作品投资巨大，通常不会许可他人在互联网上免费提供视频，被告土豆网公司是专业的影视网站，“理应对其所经营网站中的哪些内容可能涉嫌侵权有一个最基本的认知，如对前述电影作品特别是较热门的影片，土豆网公司应该意识到必然存在著作权问题，即在其应当知晓电影《疯狂的石头》系网络用户擅自发布仍不做删除处理的情况下，可以认定其存在主观过错。”并且，土豆网上的“土豆精彩频道”中设有“原创”“影视”等分频道，说明该公司“也可以针对‘影视’等存有极大侵权嫌疑之频道内的节目进行重点审核，以避免网站上存在明显的侵权信息。然而，从不同用户先后多次在‘土豆网’上发布《疯狂的石头》之事实来看，被告应当并能够承担审查和删除义务而怠于承担”。

七号"案[1]等案件中，法院实际上对《信息网络传播权保护条例》中信息存储空间服务提供商免责条款中的"不知道也没有合理理由应当知道"的要件进行了内涵更新的解释，认定在即使权利人没有发送侵权通知的情况下，平台对自身是否存在热映电影应进行审查和删除，以尽到合理的注意义务。再如，在2012年"韩某诉百度案"[2]中，一审法院指出，对于百度公司是否没有合理的理由应当知道其百度文库中的某文档侵权，而只能消极被动地等待权利人通知后再采取屏蔽、删除等措施制止侵权，不能一概而论。在此案中，韩某为当代有影响力的知名作家，《像》书为其小说代表作。韩某曾多次通知百度文库其文库中存在侵权作品，且曾作为作家代表之一与百度就侵权问题进行过谈判，因此百度公司对百度文库中侵犯韩某著作权的文档应有比其他侵权文档更高的注意义务，"既然百度公司提出在人工审核之后采用反盗版系统来制止侵权，故其应对该系统正常运行的需求进行必要的准备"。可见，法院对于反复投诉被侵权的知名作家的知名作品，认定平台应该具有更高的审查义务，针对未来的侵权也应积极采取具有合理水平的自动过滤措施。

我国最高人民法院在2020年修正的《关于审理侵害信息网络传播权民事纠纷案件适用法律若干问题的规定》(以下简称《信息网络传播

---

〔1〕 果子电影有限公司诉北京风行在线技术有限公司侵犯著作权纠纷案，北京市第一中级人民法院(2010)一中民初字第11821号民事判决书。该案中，被告风行在线的P2P可以在"华语"栏目中搜索到《海角七号》，并且提供了宣称为计算机自动抓取的影片海报即基本信息介绍。法院指出，影片介绍既可以适用于提供涉案影片全片的P2P文件，亦可以适用于提供涉案影片片段或片花的P2P文件，但鉴于上述不同类型P2P文件的大小并不相同，且其播放过程中所显示的片长亦不相同，而在现有技术下，被告完全可以较为容易地通过技术手段使得其搜索的P2P文件不包括涉案影片的全片，从而使上述影片介绍并不适用于涉案影片的全片，但本案被告却未尽到这一合理注意义务。

〔2〕 韩某诉北京百度网讯科技有限公司侵犯著作权纠纷案，北京市海淀区人民法院(2012)海民初字第5558号民事判决书。该案中，原告韩某多次通知百度，百度文库中存在侵权作品。百度收到通知，也删除了投诉链接和相关作品，并且将投诉作品纳入文库反盗版系统正版资源库，但只是使用作者名加作品名称作为标题关键词进行文档屏蔽，故之后百度文库中仍然有侵权作品，只是标题不同。

权司法解释》)也对网络服务提供者的共同侵权判定作出了进一步规定。该司法解释首先在第 8 条中否定了网络服务提供者具有一般意义上的审查义务。[1] 同时在第 9 条中规定,网络服务提供者是否对侵权行为构成应知,应综合考虑多重因素,其中包括基于网络服务提供者提供服务的性质、方式及其引发侵权的可能性大小,应当具备的管理信息的能力,以及网络服务提供者是否积极采取了预防侵权的合理措施等。[2] 可以看到,该司法解释并没有完全排除网络服务提供者在特定条件下的主动审查义务。在一些情形下,网络服务提供者没有进行主动审查,可能构成没有"积极采取预防侵权的合理措施",进而不能够适用《信息网络传播权保护条例》中的"通知—删除"免责条款。

综上所述,我国立法及司法实践中并没有仅仅将网络服务提供者的共同侵权责任缩限在"通知—删除"规则和"红旗"规则上,而是通过"应知"这一主观要件提供了较大的解释空间。我国有研究者基于实践和法理分析,将网络服务提供者对知识产权的注意义务抽象地概括为考虑"服务类型、行为类型、权利客体、技术水平等"的多因素判定法。[3] 这呈现了判断规则复杂化和提高网络服务提供者注意义务标准的趋势。这一趋势随着网络技术及应用的发展日益清晰起来。

---

〔1〕 该条中第 2 款规定:网络服务提供者未对网络用户侵害信息网络传播权的行为主动进行审查的,人民法院不应据此认定其具有过错。

〔2〕《信息网络传播权司法解释》第 9 条规定,人民法院应当根据网络用户侵害信息网络传播权的具体事实是否明显,综合考虑以下因素,认定网络服务提供者是否构成应知:(一)基于网络服务提供者提供服务的性质、方式及其引发侵权的可能性大小,应当具备的管理信息的能力;(二)传播的作品、表演、录音录像制品的类型、知名度及侵权信息的明显程度;(三)网络服务提供者是否主动对作品、表演、录音录像制品进行了选择、编辑、修改、推荐等;(四)网络服务提供者是否积极采取了预防侵权的合理措施;(五)网络服务提供者是否设置便捷程序接收侵权通知并及时对侵权通知作出合理的反应;(六)网络服务提供者是否针对同一网络用户的重复侵权行为采取了相应的合理措施;(七)其他相关因素。

〔3〕 参见司晓:《网络服务提供者知识产权注意义务的设定》,载《法律科学(西北政法大学学报)》2018 年第 1 期;田小军、郭雨笛:《设定平台版权过滤义务视角下的短视频平台版权治理研究》,载《出版发行研究》2019 年第 3 期。

此类司法发展趋势并非我国独有,而是在很多国家和地区都有所体现。[1] 这些司法判决的发展,相当于要求特定的网络服务提供者对已经接到过侵权通知的作品,不仅要处理通知中包含的侵犯著作权的文件,还需要对未来用户上传文件中的侵犯该作品著作权的行为予以积极监测和实时处理。由于这种实时检测不可能通过人工审查来及时完成,这就在客观上激励了网络空间中著作权的算法实施。

(三)网络平台中著作权算法实施的立法推进及法理体现

前述我国司法解释是具有法律效力的文件,在现有法律框架下明确了平台审查义务的多因素判断法。在立法方面值得注意的还有欧盟议会在 2019 年 3 月 26 日通过的《版权指令》。[2] 该指令重塑了在线内容分享服务提供者的侵权责任判定规则。这一条款自草案建议出台以来就备受争议,因而,在 2019 年 3 月通过的版本中,多达 10 款条文集中体现了这一问题的众多要点。其基本规定及涉及的原则和法理如下:

1.《版权指令》将侵权责任规则调整范围限制在"在线内容分享服务提供者",体现了自 DMCA 实施以来坚持的网络平台责任分类规定的基本原则。对网络服务提供者的责任分配和规制一般应根据对具体网络服务的分层分类予以考察。互联网上的协议是分层的,每层完成一定的功能,每层都直接为其上层提供服务;相应地,网络服务也是分层次的。如果参照云计算时代经典的三种服务模式划分,[3] 可以将其分为

---

〔1〕 See Giancarlo Frosio & Sunimal Mendis, *Monitoring and Filtering: European Reform or Global Trend?*, Center for International Intellectual Property Studies Research Paper, Vol. 5, p. 6 – 16 (2019).

〔2〕 "Directive (EU) 2019/790 of the European Parliament and of the Council of 17 April 2019 on Copyright and Related Rights in the Digital Single Market and Amending Directives 96/9/EC and 2001/29/EC"第 17 条(在线内容分享服务提供者对受保护内容的使用)。

〔3〕 云计算中经典的三种服务即为:基础设施即服务(Infrastructure-as-a-Service, IaaS)、平台即服务(Platform-as-a-Service, PaaS)和软件即服务(Software-as-a-Service, SaaS),参见罗军舟、金嘉晖、宋爱波、东方:《云计算:体系架构与关键技术》,载《通信学报》2011 年第 7 期。

基础设施层、中间平台层、软件应用层。不同层次和类型的网络服务提供者阻止直接侵权行为的成本不同。[1] 同时,不同层次和类型的网络服务提供商对用户隐私保护、通信自由和通信秘密的影响程度不同。在搜索引擎、博客、微博、视频和短视频平台等应用层面,可以直接根据侵权通知提供的链接定位侵权内容,并容易区分网络服务中传输的内容是用户公开发布的内容,还是用户针对特定对象发送的具有私密性的信息。而基础设施和中间平台层如果想分析这些信息,则往往需要深入原本不需要这一层次处理的内容,甚至破解不同应用传输的数据格式等,不仅成本高昂,还可能在甄别之前不得不扩大检查范围,可能会分析处理用户的私密信息。

2. 明确在线内容分享服务提供者需因用户上传和分享侵权内容而承担侵权责任,并确立新的免责条件。

新的免责条件包括三个要件:(1)在线内容分享服务提供者必须尽最大努力获得相关版权所有者的授权;(2)在线内容分享服务提供者必须尽最大努力确保那些权利人已经提供了相关和必要信息的作品无法被公众获得;(3)在收到权利人的充分证实的通知后,在线内容分享服务提供者必须迅速采取行动,禁止访问或从其网站上删除特定的作品,并进一步尽最大努力防止将来有用户上传该内容(即使侵权内容"保持不上线")。本书认为这其中主要有以下三个方面的法理体现。

(1)利益平衡原则及利益平衡关系的动态性。正如崔国斌教授所言,"一旦技术进步或社会背景变化导致网络侵权的危害性或严重性、网络服务商履行注意义务的成本、版权人预防侵权的难度等关键因素发生变化,已有的利益平衡关系就可能被打破"。[2] 面对技术的发展和利益格局的变化,《版权指令》对著作权人明确拒绝许可且提供了相关必

[1] 这包括对技术本身的效率和成本的考虑,也包括对网络传输效率的影响的考虑。

[2] 崔国斌:《网络服务商共同侵权制度之重塑》,载《法学研究》2013 年第 4 期。

要信息的情况,规定了在线内容分享平台比“通知—删除”义务更高的审查义务,即对用户已提供相关的充分信息的版权作品,平台应尽最大努力确保不得未经许可将其向公众传播。

(2)《版权指令》提出通过“专业勤勉度的高等级产业标准”来衡量是否尽到“最大努力”,[1]是当前平台注意义务与行业技术发展相衔接原则的体现。基于谷歌的油管平台等已经自发进行的自动化算法实施产业实践,以及之前曾规定的“避免使用自动化内容屏蔽系统来定义最佳实践”的建议已经从 2018 年 9 月的版本中删除这一情况,这将意味着要求在线内容分享服务提供者采取自动化的算法实施机制。[2]

(3)多元化权利保护机制对多元利益诉求的保障。[3]《版权指令》从过去“通知—删除”条款中规定的单一的事后删除措施,转变为更多元化的权利保护机制。现代技术和商业的发展为作品价值的实现提供了更多可能性。删除侵权作品未必是大多数著作权人的诉求,一些著作权人愿意以合理价格甚至免费许可他人使用和传播自己的作品。该条款体现了鼓励平台去努力获得对用户上传内容中使用的版权作品的许可这一价值取向。平台基于对其网上版权作品使用情况的分析和预测,可以主动与著作权集体管理组织和作者达成许可协议,从而达到降低市场交易成本、促进作品传播利用、增加著作权人收益等多重目标,这与著作权法中促进作品创作、传播和利用的价值取向一致。

---

〔1〕 在欧盟《数字单一市场版权指令》第 17 条 4(b)款中规定:“made, in accordance with high industry standards of professional diligence, best efforts to ...”

〔2〕 See Giancarlo Frosio & Sunimal Mendis, *Monitoring and Filtering: European Reform or Global Trend?*, Center for International Intellectual Property Studies Research Paper, Vol. 5, p. 26 (2019).

〔3〕 正如杨春福教授等所言,“无论是行使权利还是追求利益,人们最终要达到的是一种满足的状态,即需要的满足……社会转型必然带来社会利益主体、利益需求的多元化……公民权利的保障应当是多元化的,既包括内容上的多元化,也包括权利保障方式上的多元化”。参见杨春福、王方玉:《利益多元化与公民权利保护论纲》,载《南京社会科学》2008 年第 3 期。

3. 对不同主体利益权益的平衡考量。

《版权指令》的条款中规定了对小企业的竞争保护——放宽免责条件;[1]强调了对公民表达自由、信息自由权益的考虑——要求平台与著作权人的合作不得阻碍不侵权内容的上传,特别要保障著作权法中设置的合理使用等例外机制,并要求成员国应规定,在因禁止访问或删除用户上传的作品或其他对象而引起争议时,在线内容共享服务提供者应为其服务的用户建立有效且迅速的投诉和补救机制。[2]

4. 规定委员会将与成员国合作,组织相关主体开展关于最佳实践的对话,发布适用指南。

一些研究者指出,欧盟《版权指令》的规定与欧洲本土网络平台产业发展状况不佳直接相关。本书认为,在欧盟关注对网络服务提供者与著作权人获益的"价值差"以及实施欧洲数字单一市场发展战略之外,为网络平台施加一定程度上的自动侵权检测和处理义务也具有一定的必然性。在有意或无意之间,欧盟《版权指令》中引入的算法实施机制的发展趋势与智能社会法治机制的发展趋势相符合——在网络空间,许多事物和人们的行为都呈现数字化特征,在适当条件下,法律的算法实施将是健全法治机制的必然要求。

二、著作权算法实施的必然性与积极意义

如上文所述,网络空间中著作权的算法实施是由一些平台的自愿行

---

〔1〕 See Directive (EU) 2019/790 of the European Parliament and of the Council of 17 April 2019 on Copyright and Related Rights in the Digital Single Market and Amending Directives 96/9/EC and 2001/29/EC 第 17 条第 6 款。

〔2〕 See Directive (EU) 2019/790 of the European Parliament and of the Council of 17 April 2019 on Copyright and Related Rights in the Digital Single Market and Amending Directives 96/9/EC and 2001/29/EC 第 17 条第 7、8 款。第 8 款中特别强调不应导致给平台施加一般的监测义务。

动、司法和立法的促进所共同推动的,其已经具有一些大规模网络平台的实践基础,体现了其可行性。崔国斌教授亦论述了版权内容服务者过滤义务的可行性和合理性,主要包含五方面理由:一是内容识别和过滤技术进步飞速,为规定过滤义务提供了可行性基础。二是开发和运营过滤系统需要一定的成本,而有些平台依靠盗版内容获利,权利人又在交易中处于弱势地位,这些问题使平台普遍自愿建立侵权内容过滤系统开展合作的模式有时难以得到实现,需要将过滤规定为一种法定义务。三是技术基础已发生巨大变化,"通知—删除"模式已经不适应现状,司法实践中开始突破该模式。四是网络平台承担过滤义务的成本是在合理范围内的。五是过滤义务并不会过分侵犯用户的基本权利。技术的发展使错误过滤的可能性较低,并且辅之以适当的人工举报和纠错机制,侵犯用户言论自由的可能性微乎其微。[1] 除上述可行性及合理性理由之外,本书认为只要审慎发展和不断完善,网络空间著作权的算法实施还将具有以下方面的必要性和积极意义。

(一)推进网络空间治理现代化的必然要求

信息社会的发展需要与之相匹配的现代化法治能力。党的十九大报告指出,"必须坚持和完善中国特色社会主义制度,不断推进国家治理体系和治理能力现代化","提高社会治理社会化、法治化、智能化、专业化水平"。[2] 科学技术的发展运用与现代化密不可分。法治化、智能化的并进和融合是对推进包括网络治理现代化在内的国家治理现代化作出的重要部署。

---

〔1〕 崔国斌:《网络服务商共同侵权制度之重塑》,载《法学研究》2013 年第 4 期。文中指出,以 2010 年的"剑网行动"等一系列行政执法为例,中国行政执法基本背离了避风港原则,而是要求网站进行自查自纠,建立主动审查机制。"在行政执法的巨大压力下,主流视频网络服务商被迫对网站内容进行审查,差不多在一夜之间删除了绝大部分盗版视频"。

〔2〕 习近平:《习近平著作选读》(第 2 卷),人民出版社 2023 年版,第 18 页。

代码/算法是网络空间规范人们行为的重要维度。美国著名的网络法和知识产权法学者莱斯格(Lessig)教授曾强调,“代码就是法律”。[1]莱斯格教授论述了在网络空间中,代码正如物理空间中的街道建筑等架构一样,与法律、社会规范、市场等机制一起构成影响人们行为的重要因素,并描述了网络空间从无规制状态到规制状态的转变情况、必要性、途径和存在的问题。人工智能技术的发展为网络空间中的算法实施提供了更有力的支撑和更广阔的可能性。

从著作权领域平台责任的界定来看,网络平台和数字化技术发展以来,为应对不断涌现的网络著作权侵权问题,加强网络平台在一定前提条件下的主动监测义务,不仅是欧盟地区在立法层面的率先举动,也是世界上许多国家和地区在司法中呈现的发展趋势。

从不同法律间的横向比较来看,在我国其他法律法规中也可以看到对法律的算法实施的隐形要求。例如,2019 年 8 月通过、自 2019 年 10 月 1 日起开始实施的《儿童个人信息网络保护规定》规定了在通过网络对儿童(未满 14 周岁的未成年人)的个人信息进行收集、存储、使用、转移、披露等活动时应遵守的一些规范。这意味着,网络平台在功能设计之中有必要通过建立机制和算法,来对用户年龄进行识别判断并基于年龄进行不同的处理。[2]

由此可见,无论是从政策引领、法律发展、不同国家和地区之间相关司法实务的横向比较,还是我国其他法律规定中的横向比较来看,法律的算法实施均是网络空间治理现代化的必然趋势。

---

〔1〕 参见[美]劳伦斯·莱斯格:《代码 2.0:网络空间中的法律》,李旭、沈伟伟译,清华大学出版社 2009 年版,第 6 页。

〔2〕 具体如何在网络空间区分儿童与非儿童,《儿童个人信息网络保护规定》中目前没有具体规定。算法的复杂程度可能具有很大差异,最简单的算法可以仅要求上传身份证并基于身份证信息进行识别;复杂一些的实施方案还可以结合人脸识别等人工智能算法,以及结合对用户在网络空间的行为等数据的分析和实时判断。由此也引起了产业界关于判断算法及其适当性、合法性的讨论。

（二）缓解司法诉讼压力的重要路径

如果关注到互联网时代以来著作权纠纷的发展情况，我们更能认清算法在著作权实施和纠纷解决中应该担当的重要角色。互联网的持续蓬勃发展使网络空间日益成为人们日常活动的重要场所，使人与人之间的关系日益网络化。在很大程度上，这种发展使人与人的关系和互动克服了空间甚至时间的限制，但也可能带来更多的摩擦和冲突。技术的发展导致数量惊人的纠纷，造成了法院和替代性纠纷解决机制的供给不足。[1] 北京互联网法院自 2018 年 9 月成立以来，仅一年时间就受理了多达 26,607 件涉网著作权纠纷。[2] 网络著作权纠纷数量激增给司法资源和司法需求带来强烈冲击，"案多人少"日益成为棘手问题。如何有效应对数量如此庞大的纠纷，已成为理论界与实务界的一项研讨热点。

通过技术辅助和流程优化来提高法官群体的审判效率，是解决这一问题的首要思路。然而，正如傅郁林教授所指出的，"我国普通案件的个案审理效率和速度已接近法官主观努力的极限，司法效率的提升空间已接近边际"。[3] 法官人数增长的速度无法赶上现实纠纷增长的速度。而社会发展速度使新型纠纷大量涌现，致使法官承担过重的压力，无法更好地发挥其面对新型纠纷时应起到的解释和发展法律适用的关键作用。同时，仅仅凭借司法效率的提升和司法资源的增加也会使一些原本未必会诉诸司法诉讼的边际纠纷大量进入法院，因而并不能系统性地解决"案多人少"的问题。可以看到，近年来，党、政府和法院系统都日益

〔1〕 参见［美］伊森·凯什、［以色列］奥娜·拉比诺维奇·艾尼：《数字正义》，赵蕾、赵精武、曹建峰译，法律出版社 2019 年版，第 63 页。

〔2〕 参见北京互联网法院：《北京互联网法院审判白皮书》，2019 年 9 月 3 日。

〔3〕 傅郁林：《中国司法管理的民事审判视角》，载傅郁林、［荷］兰姆寇·凡瑞主编：《中欧民事审判管理比较研究》，法律出版社 2015 年版，第 253、254 页。

重视多元化纠纷解决机制,强调多元化纠纷解决机制改革是"促进社会公平正义的必然要求",是"实现国家治理体系和治理能力现代化的重要内容"。[1]

在网络空间中,对用户上传侵犯著作权内容的算法检测和自动化处理可以成为预防和解决著作权纠纷的有效辅助机制,将一大部分事实清楚、法律适用简单的关于用户上传内容的著作权侵权纠纷通过自动化算法加上人工纠纷解决机制来解决,既可以减少发生纠纷后需要诉诸法院的案件数量,也可以使网络著作权领域大量由于成本、时间、取证难度等原因未能诉诸司法解决的纠纷得到有效的解决和救济;通过数据分析,平台还可以更好地分析和预测用户上传内容中常见的作品和使用时间周期,进而可以考虑通过事先与著作权人的沟通和对接,积极获得著作权人的许可,进一步预防和解决著作权纠纷。这样前置地建立在平台基础上的在线纠纷解决机制可以更多地缓解法院的审判压力,进而使法官可以有更多的精力集中在复杂的或是在法律上有特殊意义的案件上,更充分地发挥法官在法治之中的关键作用。[2] 在技术和社会发展变化非常迅速的当下,更需要缓解大量诉讼带来的司法压力,保障法官更好地发挥主观能动性,积极通过科学的法律解释和适用来弥补社会发展速度与法律发展速度之间的落差,更好地实现良法善治。

---

〔1〕 2014 年 10 月,中国共产党第十八届中央委员会第四次全体会议审议通过了《中共中央关于全面推进依法治国若干重大问题的决定》,其中强调,"健全社会矛盾纠纷预防化解机制,完善调解、仲裁、行政裁决、行政复议、诉讼等有机衔接、相互协调的多元化纠纷解决机制"。2015 年 10 月 13 日,中央全面深化改革领导小组第十七次会议审议通过了《关于完善矛盾纠纷多元化解机制的意见》。2016 年 6 月 28 日,最高人民法院发布了《最高人民法院关于人民法院进一步深化多元化纠纷解决机制改革的意见》,强调畅通纠纷解决渠道,合理配置纠纷解决的社会资源等重要问题。

〔2〕 法官担负着科学地解释发展法律、填补法律空白的重要作用。如卡多佐所述,(大陆法系一个学术流派认为)"这些制定法经常支离破碎、考虑不周并且不公正。因此,法官作为社会中法律和秩序之含义的解释者,就必须提供那些被忽略的因素,纠正那些不确定性,并通过自由决定的方法——'科学的自由寻找'——使审判结果与正义相互和谐"。参见[美]本杰明·卡多佐:《司法过程的性质》,苏力译,商务印书馆 1998 年版,第 5 页。

(三)完善著作权人权利保护的创新机制

网络平台和信息技术的发展,使著作权人可以更便利地找到作品的使用者,也使著作权人和潜在被许可方之间有机会以更低的成本达成许可协议。著作权许可中交易成本的显著降低,不但有利于著作权人从更多的途径获得许可费或其他作品相关收益,也有利于作品的传播与演绎作品的创作,对于实现著作权的立法目的具有积极促进作用。

禁止作品的复制和传播未必符合著作权人的最大利益。著作权人会基于众多因素来综合考虑自己期望的对著作权的利用方式。但著作权人在社会运作的传统机制中,既缺少向公众明确表达自身许可意愿和许可条件的便利途径,也缺乏了解广大社会公众中分散的潜在被许可者的信息流通机制。类似地,作为有获得许可意愿的普通的作品潜在使用者,也同样面临过高的交易成本。

知识共享(Creative Commons,CC)组织是最先致力于通过信息技术解决一部分文学艺术著作权许可问题的组织。[1] 知识共享组织受启发于开源软件社区,通过提供常用的格式化的许可协议,普通用户都比较容易理解的、标签化的许可条件及许可内容组合,以及与一些内容分享平台的合作,为著作权人提供一种表达自身许可意愿、条件和内容的机制,使网络用户可以方便地了解著作权人是否同意免费许可他人传播自己的某一作品,或者基于该作品进行再创作。[2] 知识共享组织通过一个信息表达层或者说一个虚拟的平台,在著作权人和潜在被许可方之间建立了一条信息桥梁。

---

〔1〕 关于知识共享组织的具体情况,参见 https://creativecommons. org/,2019 年 7 月 2 日访问。

〔2〕 典型的知识共享协议包括四项核心要素(是否要求署名、是否限制为非商业性使用、是否禁止演绎、是否要求以相同方式共享)。例如,如果某著作权人愿意免费许可他人为非商业用途传播自己的作品,但禁止进行演绎,就可以选择“署名—非商业性使用—禁止演绎”这一协议,并将该许可协议的标识和对应的格式化许可协议链接附着于作品进行传播。

油管的内容身份系统则由具有比较充分的著作权证明的权利人向油管提交他们希望在油管上搜索的作品(参考文件);油管将其加入自身维护的参考文件数据库中;用户上传文件时,油管就在上传的文件和油管参考文件数据库中的文件之间自动进行比对;如果发现相同文件,即通知著作权人并按照著作权人事前的选择,将视频静音(如果是视频背景音乐侵权)、屏蔽整个视频、许可继续使用并获得广告分成、追踪该视频的浏览统计数据等。

知识共享组织和油管内容身份系统的实践为著作权人提供了更加多元化的权利保护机制。其实践也反映了著作权人对多元化权利保护机制的切实需求,以及在大众创新时代普通公民对基于他人作品进行再创作和接续表达的大量需要。

(四)保护智能社会公民权益的实践探索

算法权力与算法规制是智能社会治理的焦点问题之一。正如权利与义务相伴,权力的行使与规制不可分割,著作权的算法实施与算法规制是智能社会治理的一体两面,也必然是相辅相成、密不可分的。只要人们运用算法来设计法律实施和纠纷预防机制,就一定会出现许多亟待解决的问题。在平台算法应用中,著作权的算法实施中可能出现算法错误、算法歧视、算法"黑箱"、算法误用或滥用等问题,因而可能对一般公众和弱势群体造成不利影响。为此,一些研究者针对油管内容身份系统的运行实践进行过深入研究,并提出从算法透明、正当程序、公众监督等维度评估及加强可问责性。[1] 应该看到,正如前所述,即使不采用算法实施,传统实施也具有自身非常突出的局限性等问题;而且,从当前实践情况来看,算法必然会出现错误这一问题,并不能成为否定算法辅助检

---

〔1〕 See Maayan Perel & Niva Elkin-Koren, *Accountability in Algorithmic Copyright Enforcement*, Stanford Technology Law Review, Vol. 19, p. 493 -496.

测侵犯著作权内容的理由。[1]

20 世纪末,赫尔曼·吕伯(Hermann Lübbe)就已指出当下时态的不断萎缩。[2] “当下”是(过去)经验范围和(未来)期待范围正重叠发生的时间区间。[3] 人类社会对于法律的算法实施和算法的法律规制都缺少经验。但这二者均是智能时代社会良好运行和治理的重要基础。从一些具有迫切需要且具有较为成熟的技术条件的领域开始论证及实践,是累积经验、探索方法和建立理论的重要过程。网络平台上侵犯著作权行为的监测和疏导正是这样的领域之一。

三、著作权算法实施的规制机制及其法理基础

基于上述分析和认识,本节拟从智能社会及其治理的法理信念出发,对网络空间著作权算法实施的规制机制进行初步探讨,并为一般算法实施的规制提供理论参照。

恰当的算法规制是保障网络空间中著作权的算法实施良性运作的

---

〔1〕 第一,在当前立法并未明确要求使用侵权检测机制的情况之下,很多大型平台已经自发地采用了算法检测手段,这一方面表明了实际存在这方面需要,另一方面也说明,即使法律不强制规定平台应在一些情况下采用算法辅助手段,这类算法也在网络空间存在,在事实上会影响人们对于自己创作内容的上传和发布,应该引起法律规制方面的研究和回应。关于著作权领域算法的法规和研究从未提出绝对禁用算法,因为正如前所述,算法的运用是网络空间发展的必然结果,也具有必要性。既然算法使用必然存在,法律必然要探讨是否需要,以及应该如何对一部分平台中已经采用的这类算法进行规制,那么是否引入一定条件下的平台自动检测义务,也只是在实际上可能增加这类算法规制的研究和适用对象,而积极意义是可以帮助更多著作权人便利地进行维权和进行作品许可,并且可以更为系统地研究算法实施的前提条件与应有约束。第二,即使平台自身不使用算法检测技术,实践中也存在了很多侵权检测工具和服务平台,帮助著作权人海量发送通知,平台仍然需要依法进行删除和通知处理。

〔2〕 参见[德]哈特穆特·罗萨:《新异化的诞生:社会加速批判理论大纲》,郑作彧译,上海人民出版社 2018 年版,第 17 页。

〔3〕 参见[德]哈特穆特·罗萨:《新异化的诞生:社会加速批判理论大纲》,郑作彧译,上海人民出版社 2018 年版,第 17 页。

基础。[1] 规制机制的构建离不开智能社会的法理指引。智能社会的法理有别于农业社会、工业社会的法理。面对网络和智能化信息技术带来的新的权力现象、新的权利义务的关系,面对智能体加入后带来的人与人、人与社会关系的复杂性,面对科技发展带来的新的治理需要和路径,需要在传统法律原则、法治框架的基础之上,在智能科技革命引发的总体性社会变革的背景下,审视和发展新的具有时代性的法理,去指引智能社会的算法实施和规制机制。

在内容分享平台算法实施的规制机制方面,除本章已经陈述的平台责任的分层分类确定原则、平台注意义务与行业技术发展相衔接原则等法理信念和命题之外,还应重视如下法理信念和命题:

1. 信息的合法高效流通原则。信息的高效流通利用对智能社会的发展具有至关重要的意义。法治建设不能简单考虑何种条件下需要禁止信息流通,而更应关注如何更好地保障和促进信息的合法高效流通。在信息海洋中,算法是信息合理流通的关键,因此,促进信息合法高效流通也是算法规制中不容忽视的重要原则。

2. 算法权力与公权力、私权利平衡原则。算法的运用可能形成新型权力,算法规制需要着眼于传统公权力、私权利与新型私权力的重新平衡调整,[2] 关注商业利益为主要导向的算法决策中的公益矫正,重视已有丰硕积

---

〔1〕 尽管有研究者强调算法透明的重要意义,参见 Maayan Perel & Niva Elkin-Koren, *Accountability in Algorithmic Copyright Enforcement*, Stanford Technology Law Review, Vol. 19, p. 493 – 496。但本书认为,对于著作权侵权判断而言,由于最终的判断标尺仍然是著作权法中确立的规则,因此在当前的侵权责任框架下,不宜强制要求算法内部细节的透明性,只需要平台及法院在遇到争议时可以根据法律予以解释即可。更为重要的是建立健全正当程序和有效的公众监督机制。在当前的实践中,最为关键的是赋予被控侵权方以对抗算法决策的实质权利,同时针对目前常见的问题促进一些辅助机制的建设。

〔2〕 这方面在国内外均有较多讨论,See D. Desai & J. A. Kroll, *Trust But Verify: A Guide to Algorithms and the Law*, *Harvard Journal of Law and Technology*, Vol 31, No. 1(2018), p. 6 – 28;参见[英]阿里尔·扎拉奇、莫里斯·斯图克:《算法的陷阱:超级平台、算法垄断与场景欺骗》,余潇译,中信出版社2018年版;张凌寒:《算法权力的兴起、异化及法律规制》,载《法商研究》2019年第4期;齐延平:《论人工智能时代法律场景的变迁》,载《法律科学(西北政法大学学报)》2018年第4期;马长山:《智慧治理时代的社会组织制度创新》,载《学习与探索》2019年第8期;等等。

淀的相关法理在新的权力格局以及权力与权利、权利与权利关系中的运用。

3. 共享经济、新零工经济的“助推型”治理理念。网络平台和智能算法推动了共享经济、新零工经济的发展，使闲置资源在供方与需方之间得到精准配置，帮助实现“按需分配”，也增加了劳动力市场的灵活性，[1]促进了资源整合、机会公平、权利自由、效率效益和社会进步。[2]法治建设理念宜采取一种助推型的思维，[3]应充分考虑算法规制机制对新零工经济的影响。

4. “共建共治共享”的社会治理理念。[4]“共建共治共享”的社会治理理念对法治建设提出了引领性要求，包含丰富内涵。有学者指出，“共建共治共享”是反身法的基本理念之一；在需要大量专业技术知识和充分自主发展空间的复杂社会领域，特别需要致力于法律与社会共同演化的“反身法”来“实施间接政府干预，刺激信息社会建立自我反思机制，有效提升其自治能力”。[5]在算法实施和规制中，应注重考虑以下方面：首先，智能社会的法律治理和技术治理的二元共治应同步发展有机结合；[6]其次，法治对技术支撑的需求，应通过更好地调动掌握先进技术的企业的积极性和参与性来推进，调动更多的社会主体共同建设；再次，应依托信息技术建立社会公众良好参与的在线多元化纠纷解决机

---

〔1〕 参见董成惠：《共享经济：理论与现实》，载《广东财经大学学报》2016 年第 5 期；郑祁、杨伟国：《零工经济的研究视角——基于西方经典文献的述评》，载《中国人力资源开发》2019 年第 1 期。

〔2〕 参见马长山：《智慧社会建设中的“众创”式制度变革——基于“网约车”合法化进程的法理学分析》，载《中国社会科学》2019 年第 4 期。

〔3〕 参见丁晓东：《平台革命、零工经济与劳动法的新思维》，载《环球法律评论》2018 年第 4 期。

〔4〕 党的十九大明确提出了“打造共建共治共享的社会治理格局”的战略部署。参见《十九大精神边学边记》编写组编：《十九大精神边学边记》，人民出版社 2017 年版，第 91 页。

〔5〕 陆宇峰：《信息社会中的技术反噬效应及其法治挑战——基于四起网络舆情事件的观察》，载《环球法律评论》2019 年第 3 期。

〔6〕 参见郑智航：《网络社会法律治理与技术治理的二元共治》，载《中国法学》2018 年第 2 期。

制；复次，应充分考虑政府、企业等不同主体的能力和优势，形成多元共治格局，使政府也在治理中更科学地承担相应的义务；最后，智能社会的建设进程应包容审慎地对待活跃在时代前沿的产业界在创新、竞争及合规努力中的"基于新技术、新业态和新机制的'众创'试验式的规则生产"活动，进而使法治可以在必要处突破旧有机制和思维的束缚，更好地面向未来、走向未来、引领未来。[1]

以上述法理为基础，对著作权算法实施的规制及辅助机制的初步建议如下。

（一）构建用户与平台之间新的利益平衡机制

在算法权力与公权力、私权利平衡原则下，需关注信息网络平台的算法权力、平台与用户利益失衡及平台上不同主体之间的利益失衡的问题和重建机制。当前的一个问题是，尽管著作权法明确规定了合理使用等对著作权的限制，并规定了"反通知—恢复"机制，但在当前实践中，用户仍缺乏足够有效的途径来主张自己对版权作品的使用并不侵权。一些研究者指出，虽然，我国《信息网络传播权保护条例》中确立了"通知—删除—反通知—恢复"的机制，但"反通知"机制并没有充分发挥其预设功能。"在著作权领域，被移除内容的用户通常没有足够的经济动力去要求保留原有内容"，"对于不构成侵权的声明和反通知，不仅需要准备相应的不侵权证明材料，还需要披露用户的真实身份信息等，而获得的收益仅为恢复其发布的内容"。[2] 在油管内容身份系统的算法过滤实施中，虽然建立了一定的异议机制，但很多用户并不清楚自己关于

[1] 参见张文显：《何谓"未来法治"？——在首届"数字经济与未来法治"高峰论坛上的发言》，载中国人民大学未来法治研究院网 2018 年 11 月 25 日，http://lti.ruc.edu.cn/sy/xwdt/ca6f8eb74f6044cd9bc66723d9254786.htm。

[2] 刘晓春：《〈电子商务法〉知识产权通知删除制度的反思与完善》，载《中国社会科学院研究生院学报》2019 年第 2 期。

提出异议的权利；同时由于油管与版权方的合作，收到用户关于合理使用的“反通知”后，油管可能不会按照 DMCA 规定的机制予以恢复，也不会自主进行用户是否构成合理使用的判断。[1] 有研究者在分析脸书（Facebook）发送的侵权通知后指出，通知内容没有提供必要的信息，这使接到通知者很难了解侵权原因，难以提出有效的异议。[2] 在平台自愿过滤的实践中，由于著作权人并未实际参与过滤，用户无法对之起诉，而平台则可能受到“用户协议”的保护，用户也缺乏明确的请求权来对抗平台的决策。[3] 因而造成了在既有法律实践中，上传和分享内容的用户普遍缺乏对抗平台侵权判断决策的能力。在激励更多平台引入自动化侵权检测和处理系统后，可能引起更明显的利益失衡。因此，在允许平台进行算法侵权检测的情况下，应要求平台将侵权理由和必要信息发送给用户，并明确赋予用户对自己上传的、未侵犯他人著作权的内容请求予以恢复的权利，规定平台尽最大努力对侵权检测算法的检测结果、“合格通知”及用户“合格反通知”进行积极认定和处理，激励平台建立对算法中问题的反馈机制。具体机制的设计并非易事，应充分激励网络平台等社会主体依托自身在商业实践中的经验和技术上的优势，积极在机制和算法层面开展创新，逐渐产生更加合理可行的具体规则。[4]

---

〔1〕 参见 Mike Masnick, *YouTube Won't Put Your Video Back up, Even if It's Fair Use, if It Contains Content from Universal Music*, https://www.techdirt.com/articles/20130405/01191322589/youtube-wontput-your-video-back-up-even-if-its-fair-use-if-it-contains-content-universal-music.shtml [https://perma.cc/3HKH-Y7LT, 2019 年 7 月 2 日访问。

〔2〕 See Maayan Perel & Niva Elkin-Koren, *Accountability in Algorithmic Copyright Enforcement*, Stanford Technology Law Review, Vol. 19, p. 508 (2016).

〔3〕 See Maayan Perel & Niva Elkin-Koren, *Accountability in Algorithmic Copyright Enforcement*, Stanford Technology Law Review, Vol. 19, p. 508 (2016).

〔4〕 这方面的讨论可以参考刘晓春老师对于知识产权通知删除规则的建议，即“可以通过在司法实践中，认可平台对于‘合格通知’和‘合格反通知’构成要件进行认定的裁量权，给予平台较为宽松的认定空间，通过对于‘通知’和‘反通知’的认定”，“由平台发挥更加积极的角色和作用”，同时“司法实践有必要保持一定的谦抑性，对于平台能够提供合理性解释的制度创新和算法过程给予充分尊重。”参见刘晓春：《〈电子商务法〉知识产权通知删除制度的反思与完善》，载《中国社会科学院研究生院学报》2019 年第 2 期。

在智能社会建设进程中，这种“众创试验的规则生产路径”[1]也是“共建共治共享”的社会治理理念的体现。

（二）构建超越“过滤义务”的多元共治机制

“信息的合法高效流通原则”要求在考虑算法实施和规制的相关法律制度时，充分考虑著作权法鼓励作品创作、传播和利用的立法宗旨，以及技术发展带来的新的实现该宗旨的路径。尽管在理想情况下，在法律规定网络服务提供者具有“过滤”义务的基础之上，作者可以积极与网络服务提供者协商并签订合同，告知自身的许可意愿及对侵权作品的处理方式，但从我国的实践经验可以看到，如果在立法中单一地强调网络服务提供者的“自动过滤”义务，可能导致行政执法采取过于简单的立场，过度强调“删除”所有侵权作品。网络服务提供者在行政执法的压力之下，亦非常可能倾向于直接删除侵权作品以避免共同侵权责任，而非再致力于提供作品许可机制和渠道。同时，在处于侵权与合理使用之间的灰色地带时，著作权人和分享内容的用户可能通过便利的许可渠道达成许可合意。在很多情况下，用户也可以更好地基于在前人作品基础上的演绎来使用多样化的形式表达自己的观点。因而，若仅仅规定“自动过滤”义务，将浪费信息技术发展可能提供的建立在著作权人与作品潜在使用者之间的许可渠道，进而，反而可能影响了著作权人的直接经济收益和间接声誉收益，亦不利于实现著作权法促进作品传播、促进新作品创作的立法目的。欧盟《版权指令》也在过滤义务之外，强调了平台努力获取许可的义务，但与油管的实践类似，欧盟的规定可能使平台要求著作权人在事前就确定是否许可对作品的使用，可能剥夺了著作权

---

〔1〕 参见马长山：《智慧社会建设中的“众创”式制度变革———基于“网约车”合法化进程的法理学分析》，载《中国社会科学》2019 年第 4 期。

人根据个案情形选择不同策略的机会。[1] 因此，基于我国的实践情况，在我国未来《著作权法》修改中，应注重激励信息存储服务提供者[2]采取积极的上传审查措施，并对于有许可意愿但不愿进行“一揽子”许可的著作权人，根据具体作品的使用情况来征求著作权人的许可意愿和希望进行的处理，而非简单规定“自动过滤”义务。这是在新技术背景下，对促进网络服务提供者、著作权人和社会公众之间合作的立法精神的体现，也是面对互联网上异常活跃的大众创作的社会现实，对共享经济、新零工经济的“助推型”治理理念的体现。

（三）构建著作权状态及归属的公信认证机制

对著作权状态及归属的确认是建立在线作品使用许可渠道的重点和难点所在。在油管等平台的实践中，相对于大型媒体公司或知名创作人，普通用户上传的作品往往因难以确认权属而较难得到平台的自愿保护。微信公众平台的原创保护是改善这一问题的一种创新机制，但网络空间仍有大量用户对其创作内容难以维权。“视觉中国”引起的社会争议[3]更在一定程度上破坏了中国公众对于在线作品使用许可付费机制的信心。

共享经济、新零工经济的“助推型”治理理念和“共建共治共享”的社会治理理念，要求构建著作权状态及归属的公信认证机制。建立具有更高公信力的著作权人身份及其授权条件认证的机制，对于建立高效顺

---

〔1〕 参见黄炜杰：《“屏蔽或变现”：一种著作权的再配置机制》，载《知识产权》2019 年第 1 期。

〔2〕 我国《信息网络传播权保护条例》中规定的信息存储空间服务提供商，指“为服务对象提供信息存储空间，供服务对象通过信息网络向公众提供作品、表演、录音录像制品”的网络服务提供者。参见《信息网络传播权保护条例》第 22 条。即类似于欧盟《版权指令》中的在线内容分享服务提供者。

〔3〕 参见张鑫、李铁柱、屈畅：《“黑洞”照片引爆视觉中国版权争议》，载《北京青年报》2019 年 4 月 12 日，A11 版。

畅的在线作品使用许可机制具有重要意义。许多人士提出了建立“版权区块链”的倡议。可以在新作品登记时,将其与作品库中既有作品进行比对,如果不存在相同或相似作品,则可高正确概率地确定该作品系登记者创作的作品。但鉴于公有链的高成本等问题,一些人士建议建立由国家版权局、集体管理组织或网络平台等主体组成的“联盟链”。[1]目前杭州互联网法院、北京互联网法院都在一定程度上支持了具有一定条件的区块链存证。

当然,著作权的任何电子存证机制都存在错误的情况,正如线下著作权登记者可能被事后证明并非真正的著作权人一样。但这一情况的发生具有较小的概率,行业实践者也可以考虑通过保险等机制来分散风险。

(四)构建争端解决的“在线合议”机制

自动化侵权判断的机制最大的争议在于,其可能使一些原本应属于合理使用的作品利用情形被误判为侵权。一方面,这一问题的缓解有赖于不断改进判断算法,另一方面规模较大的平台可以建立在线纠纷解决机制。这与人工智能发展中的“混合智能”的发展思路一致,即使机器和人均能充分发挥各自长处,合作解决一个特定问题。例如,易贝(ebay)、亚马逊等平台早已发展在线争端解决机制中的“众包”(crowdsourcing)机制,[2]我国淘宝等平台也开展了“大众评审”等类似的实践探索。[3] 微信公众平台的“洗稿”投诉合议规制也得到了关注。[4] 建立这种机制,对于可比较明确地被界定为抄袭或侵犯著作权

[1] 参见《李冬妮:联盟链更适合应用在版权保护领域》,载央广网 2018 年 5 月 23 日,http://baijiahao.baidu.com/s?id=1601159760581851259&wfr=spider&for=pc。

[2] 参见[美]伊森·凯什、[以色列]奥娜·拉比诺维奇·艾尼:《数字正义》,赵蕾、赵精武、曹建峰译,法律出版社 2019 年版,第 103、104 页。

[3] 参见“大众评审”,https://pan.taobao.com/,2019 年 5 月 30 日访问。

[4] 参见《微信试运行洗稿投诉合议机制严打“洗稿”行为》,载人民网,http://ip.people.com.cn/n1/2018/1205/c179663-30444003.html。

的作品，微信将直接判断处理；对于有争议的疑似侵权作品，微信平台提供“投诉合议”机制，即经投诉方确认发起公开投诉、被投诉方确认回应后，将邀请微信“洗稿投诉合议小组”作出客观的评定。字节跳动则在内部审查流程中建立了“机器审查 + 多人合议 + 异议复审”的机制，即将机器自动审查判定存在问题的内容分发给至少两名审查员分别审查，如果人工审查意见不一致则再进行复审。类似的人工争议合议机制可以作为机器判断的有益补充，对于进行更为接近法律的判断、减少维权成本、缓解法院诉讼压力均有积极意义。这也是对“共建共治共享”的社会治理理念在实践中的落实和发展。

四、小结

我国司法实践及司法解释已经对一些情形下的网络服务提供者施加了主动审查义务。在当前信息技术发展的背景之下，自动侵权比对、在线实时支付、区块链存证等技术可以为建立更加高效的作品在线许可提供有力支撑。为了更好地实现著作权法促进作品创作、传播的精神，使在新技术条件下的大众创作更加便利，在我国未来《著作权法》修改中，应该明确规定具有一定规模的网络服务提供者应采取积极的上传审查措施，并明确征求著作权人的许可意愿和希望进行的处理，而非简单规定“自动过滤”义务。1998 年，美国制定 DMCA 时提出，相信“避风港规则”可以提供一种良好的合作机制，[1]使作者和网络服务提供者共同发现和制止侵权。在当前智能技术发展的背景之下，我们应重视“信息的合法高效流通原则”“算法权力与公权力、私权利平衡原则”“共享经济、新零工经济的‘助推型’治理理念”“‘共建共治共享’的社会治理理

---

〔1〕 参见 *The U. S. Senate Report No.* 105 – 190, 1998, p. 45, http://www. gpo. gov/fdsys/pkg/CRPT – 105srpt190/pdf/CRPT – 105srpt190. pdf，2019 年 5 月 30 日访问。

念"等新时代的法理,在合作主义视角下构建网络服务提供者的共同侵权责任机制,激励网络服务提供者利用新技术来帮助建立有效的作品许可渠道,帮助提升著作权人的收益,以及促进作品的传播和利用,促进文化建设,建设文化强国。

我们已经跨入智能时代。著作权的算法实施及其规制只是这逐渐展开的崭新的宏大时代的一个小小的剪影。从这个剪影我们足以认识到,与传统的法律实施机制类似,法律的算法实施具有一定的合理性和积极意义,但同时也具有其自身的局限性;我们亦将达成某些共识,即智能时代需要探索出与这个时代本质特征和发展趋势相匹配的法治理论和法律实施能力;算法在智能时代的法治建设中具有不容忽视的独特价值,必须被智能时代法律制度的构建者和法治社会的建设者所正视和重视。在这一领域中,我们可以在既有的制度、理论和分析框架之上进行探索,并为缺少经验的世界提供中国经验和中国方案。在社会发展日新月异的时代,法治建设要把握过去、现在与未来的历时连续性,面向未来、立足当下,从具有迫切需要且具有较为成熟的技术条件的领域开始实践,累积经验、探索方法、建立理论,逐步建立健全与社会发展相匹配的法理体系和法治体系。

第七章 “数字向善”原则下算法推荐服务提供者的著作权注意义务 *

上一章主要从理论层面对于采用数字科技来辅助著作权保护的机制和理论进行了探讨。要实现著作权的算法实施不可一蹴而就,需要结合技术发展程度等因素而循序渐进地发展。本章即在上一章的基础上,针对当前重点讨论的算法推荐服务提供者的侵权责任问题进行讨论,提出以“数字向善”为原则,推动平台在预防侵权、推进数字技术向善发展中积极发挥关键作用,建构有利于推动法律与技术相结合的支撑多元共治的法律制度。

一、问题的提出

随着信息技术的迅猛发展和广泛应用,智能算法在信息网络空间中发挥着日益重要的作用。近年来,算法推荐蓬勃发展,目前主流互联网平台纷纷依赖算法进行内容分发,针对用户进行个性化的精准推荐,为用户从海量信息资源中找到更为符合其需要的信息,解决“信息过载”(information overload)的问题。被推荐的内容中就包括大量的新闻、文学作品、图像、音乐、视频等众多类别的受到著作权法保护的对象,其中

* 本章内容基于笔者与汪赛飞合作的同名文章撰写,原文章载于《知识产权》2022 年第 11 期。

也不乏平台用户上传的侵犯了他人著作权的内容,法院常常需要对相关侵权行为中网络服务提供者的帮助侵权责任进行认定。特别是被称为"算法推荐第一案"的爱奇艺公司诉字节跳动公司侵害作品信息网络传播权纠纷案(以下简称字节跳动案)[1],更是引发了社会广泛的讨论。为表达简便,本书将采用算法推荐进行信息内容分发的网络服务提供者简称为算法推荐服务提供者。

回顾过去,互联网的发展打破了传统内容产业的模式,互联网平台在内容生产与传播中的作用日益显著,逐渐超越了广播电台、出版商等传统媒介,被认为是一个充满创造力和参与性的引领者。[2] 然而美好互联网世界的另一面是相较于传统媒介下更为复杂的著作权保护问题,Web 2.0 时代互联网平台的用户不再是被动接受内容的角色,其可以主动参与内容的创作与传播。爆炸性的创造力也伴随着大量侵犯著作权的内容的创作和传播。新技术的发展使用户在网络空间中侵犯著作权手段的成本更低、分布更广泛,仅仅规范网络用户的行为很难有效解决互联网平台中侵犯著作权的问题。社会应以多元共治的理念,调动不同主体与不同手段,通过包括法律、道德、市场、技术等治理手段,[3]结合特定时代背景下的技术与市场条件,完善法律责任分配机制,以更为高效的手段降低风险,实现网络空间中著作权产业的可持续发展。

正如前一章所述,20 世纪末,以"通知—删除"规则和红旗规则为核心的"避风港规则"在美国应运而生并在世界各国得到推广。避风港规则体现了著作权人等权利人与网络服务提供者两方对利益的妥协,权利人认为网络服务提供者应承担起发现并制止侵犯著作权行为的责任,网

---

〔1〕 参见北京市海淀区人民法院民事判决书,(2018)京 0108 民初 49421 号。

〔2〕 See Niva Elkin-Koren, *After Twenty Years: Copyright Liability of Online Intermediaries*, in Susy Frankel & Daniel J Gervais eds., The Evolution and Equilibrium of Copyright in the Digital Age, Cambridge University Press, 2014, p. 30.

〔3〕 See Lawrence Lessig, *The Law of the Horse: What Cyberlaw Might Teach*, Harvard Law Review, Vol. 113: 2, p. 508 (1999).

络服务提供者则认为这在技术与经济上并不可行,为此通过双方合作,由更具有成本优势的权利人去主动发现侵权行为,而后由网络服务提供者接收到满足一定要求的通知信息后再采取一定行为阻止侵权行为的继续。[1] 当时的技术条件背景和商业模式背景下,要求网络服务提供者主动承担发现侵权内容的责任对其而言可能负担过重,这不利于依赖海量用户提供内容的互联网平台的发展。对网络服务提供者来说要了解权利的归属,以及第三人使用是否获得许可等的信息成本是惊人的,而权利人本身相较于网络服务提供者更清楚权利的权属与许可情况,权利人在识别侵权行为上处于优势地位。[2] 该规则的建立与特定时代背景的技术和产业发展情况有关。如果网络服务提供者预防侵权的成本等因素发生变化,对避风港规则就需重新进行审视。

我国早期司法实践中主要以是否满足“通知—删除”要求来认定网络服务提供者的帮助侵权责任。2007 年后,随着网络平台的发展及侵权问题的增加,法院开始关注网络服务提供者在“通知—删除”之外的注意义务问题,如“疯狂的石头”案[3]、上海全土豆网络科技有限公司与广东千鹤影视传播有限公司案[4]等。[5] 在这些案件中,我国对网络服务提供者责任的判断主要基于对过错的认定。根据《信息网络传播权司法解释》的规定,“注意义务”成了我国认定网络服务提供者帮助侵权责任的核心要素,即更加强调对“应知”的合理认定而非划定免责条件。[6] 《信息网络传播权司法解释》废止了最高人民法院《关于审理涉

---

[1] 参见王迁:《“通知与移除”规则的界限》,载《中国版权》2019 年第 4 期。

[2] See Martin Husovec, *The Promises of Algorithmic Copyright Enforcement: Takedown or Staydown: Which Is Superior: And Why?*, Columbia Journal of Law & the Arts, Vol. 42:1, p. 65 - 66 (2018).

[3] 参见上海市第一中级人民法院民事判决书,(2007)沪一中民五(知)初字第 129 号。

[4] 参见上海市第一中级人民法院民事判决书,(2010)沪一中民五(知)终字第 32 号。

[5] 参见崔国斌:《网络服务商共同侵权制度之重塑》,载《法学研究》2013 年第 4 期。

[6] 参见王杰:《网络存储空间服务提供者的注意义务新解》,载《法律科学(西北政法大学学报)》2020 年第 3 期。参见《信息网络传播权司法解释》第 7 条第 3 款、第 8 条第 1 款、第 9 条。

及计算机网络著作权纠纷案件适用法律若干问题的解释》中仅将“知道”限于“明知”的规定，明确了判断“应知”时应综合考虑的多重因素，包括提供服务的情况、所传播的作品的情况、具体行为和采取措施的情况等。其中，在认定是否构成“应知”时所考虑的网络服务提供者的行为及采取措施又可以被划分为“积极行为”和“消极行为”两个维度：[1]积极行为指网络服务提供者对涉嫌侵权的内容存在选择、编辑、修改或推荐等主动行为；消极行为包括网络服务提供者未积极采取预防侵权的合理措施、未设置便捷程序接收侵权通知并及时对侵权通知作出合理的反应、未针对同一网络用户的重复侵权行为采取相应的合理措施等。[2]同时，《信息网络传播权司法解释》也明确规定了不能仅因未进行主动审查而认定过错，并且“对于网络服务提供者能够证明已采取合理、有效的技术措施，仍难以发现网络用户侵害信息网络传播权行为的”，应认定其不具有过错。[3]

最高人民法院指导案例 83 号也针对相似领域的问题总结了类似的裁判要旨：“必要措施”应遵循审慎、合理的原则，根据所侵害权利的性质、侵权的具体情形和技术条件等来加以综合确定。[4] 这都反映了与技术发展情况相结合、精细化合理界定网络服务提供者注意义务的整体司法趋势。我国《民法典》第 1197 条将原《侵权责任法》第 36 条第 3 款中的“知道”改为了“知道或者应当知道”，反映了立法对于合理界定网络服务提供者注意义务、激励网络服务提供者采取必要措施的价值判断。如何合理确定网络服务提供者的义务，即其究竟在多大的范围、何种程度上尽到防止和制止网络用户利用其网络服务实施侵权行

〔1〕 参见熊琦：《“算法推送”与网络服务提供者共同侵权认定规则》，载《中国应用法学》2020 年第 4 期。

〔2〕 参见《信息网络传播权司法解释》第 9 条。

〔3〕 参见《信息网络传播权司法解释》第 8 条第 2、3 款。

〔4〕 威海嘉易烤生活家电有限公司诉永康市金仕德工贸有限公司等侵害发明专利权纠纷案，浙江省高级人民法院民事判决书，(2015)浙知终字第 186 号。

为的义务，对维护网络活动的自由和数字经济的健康发展非常重要。[1]

在算法推荐技术获得广泛发展使用的当下，算法对侵犯著作权内容的推荐问题已经开始引起司法诉讼。例如，在字节跳动案[2]中，原告爱奇艺公司认为被告字节跳动公司利用信息流推荐技术在其“今日头条”手机应用程序上将侵权作品向公众传播并推荐的行为未尽到合理的注意义务，应承担侵权责任。美国也发起了算法推送相关诉讼。例如，缤趣网络平台通过机器学习算法为用户自动生成包含各种推荐图片的主页，在戴维斯诉缤趣公司案（以下简称缤趣公司案）[3]中，原告戴维斯认为缤趣公司在其可获利的投放的广告图片周围向网络用户展示和传播他的作品的行为侵犯了其著作权，并以此获益。

在我国，算法推荐服务提供者的帮助侵权判断重点依旧是对其过错的判断，即需要判断网络服务提供者对用户的侵权行为是否明知或应知。《信息网络传播权司法解释》第 9 条规定了网络服务提供者主动对作品等进行选择、编辑、修改、推荐是认定是否构成应知的重要因素。学界一般认同，这里的推荐与通常所说的算法推荐并不相同，前者是面向所有平台用户的公开行为，后者是根据用户喜好等定制的推荐服务。[4] 算法推荐服务提供者具有怎样的注意义务，特别是其是否应该采取事先审查过滤等预防侵权的必要措施，是当前讨论的焦点问题。

与此同时，算法推荐在互联网新闻信息服务、劳动者工作调度、商品销售等广泛领域应用中的风险引起了网信办等部门的高度重视。2021

---

〔1〕 参见程啸：《侵权责任法》（第 3 版），法律出版社 2021 年版，第 494 页。

〔2〕 参见北京市海淀区人民法院民事判决书，(2018)京 0108 民初 49421 号。

〔3〕 See Davis v. Pinterest, Inc., 601 F. Supp. 3d 514 (2022).

〔4〕 参见熊琦：《“算法推送”与网络服务提供者共同侵权认定规则》，载《中国应用法学》2020 年第 4 期。

年9月，国家网信办等九部委联合发布了《关于加强互联网信息服务算法综合治理的指导意见》，确立了“利用三年左右时间，逐步建立治理机制健全、监管体系完善、算法生态规范的算法安全综合治理格局”的目标。网信办等四部委于2021年年底正式发布了《互联网信息服务算法推荐管理规定》，对算法推荐技术的应用予以规范。2021年也因此被许多人士称为中国算法治理元年。《互联网信息服务算法推荐管理规定》将应用算法推荐技术界定为利用生成合成类、个性化推送类、排序精选类、检索过滤类、调度决策类等算法技术向用户提供信息，这涵盖了非常广泛的范围。《互联网信息服务算法推荐管理规定》的一些规定，也反映了推动算法向善发展、促进多元共治的原则和治理路径。

针对算法推荐服务下的侵犯著作权行为，应该如何合理界定平台责任？本章拟从智能社会算法治理的体系性视角出发，考察算法治理的主要原则，探析相关价值判断，并在此基础上对算法推荐服务提供者注意义务判定的具体法律规则展开讨论。

二、网络服务提供者注意义务界定的理论基础

（一）侵权法的预防功能

我国侵权法系采用多重功能说，包括救济功能、预防功能等都是我国侵权法所应具备的规范功能。[1] 预防功能，“指侵权责任法通过规定侵权人应负的民事责任，来有效地教育不法行为人，引导人们正确行为，预防和遏制各种损害的发生，保持社会秩序的稳定和社会生活的和谐”。[2] 传统侵权法在当代所遭遇的重大挑战之一就是在应对大规模

〔1〕 参见曾宪义、王利明主编：《侵权责任法》，中国人民大学出版社2016年版，第32～33页。

〔2〕 曾宪义、王利明主编：《侵权责任法》，中国人民大学出版社2016年版，第34页。

侵权中的不力,故当代侵权法越发强调对损害发生的预防功能。[1] 早在1986年,德国学者乌尔里希·贝克(Ulrich Beck)提出“风险社会”概念,风险社会出现的原因在于风险结构从自然风险占主导转向人为的不确定性占主导,这当中科学技术的发展成为现代社会的五个基本风险源之一。[2] 随着信息网络技术的发展,人们利用现有的技术和网络平台可以轻而易举地传播作品,侵犯他人的著作权,如果作品本身是正在热播的电影和电视剧,那么一个简单的内容传输与分享行为造成的经济损失将是巨大的。

为有效预防风险,侵权法规则有必要在立法时就划分调整好特定主体对侵权责任的承担,敦促其强化对风险的控制,避免损害后果的发生。当然侵权法的预防功能并不意味着以风险降低到零为目标。在风险控制理念下,侵权责任的设定也要平衡好风险带来的损失与预防风险措施成本之间的平衡。就如早期的避风港规则设立的重要原因就在于要求网络服务提供者主动审查并删除侵权内容的成本过高,风险预防的成本将远大于风险带来的损失,立法所鼓励的预防措施应当是最优预防措施。

无论是传统的避风港规则、欧盟《版权指令》第17条,还是我国各项法律中对网络服务提供者注意义务的判定,实际上都是在网络服务提供者和权利人之间对侵权行为的风险预防和制止责任进行划分。著名的汉德公式(Learned Hand Formula)常常被用于分析如何设置一个最优等级的“注意”(care),最优等级的“注意”不应该高于损害,只有在网络服务提供者和权利人所采取的预防措施少于最佳的注意等级时,他们对

---

〔1〕 参见石佳友:《论侵权责任法的预防职能——兼评我国〈侵权责任法(草案)〉(二次审议稿)》,载《中州学刊》2009年第4期。

〔2〕 参见张成福、谢一帆:《风险社会及其有效治理的战略》,载《中国人民大学学报》2009年第5期。

造成的损害负责才具有经济上的合理性(B < PL)。[1] 汉德公式下始终需要衡量"注意"也就是预防措施的成本与所产生的收益。具体到网络环境中,就是要衡量网络服务提供者采取侵权防控措施的成本与可能防止的损害的情况。一方面,由于网络上侵权相对便捷、传播受众范围广,导致网络侵权发生的概率较高、损害后果比较严重。[2] 当然,不同情形下不同作品可能出现的损害并不相同。例如已经反复发现被侵权的作品往往再次被侵权的可能性较高;投资巨大且收益具有较强时效特征的影视剧作品,在刚开始上映或播出的一段时间内如果遭遇盗版则权利人蒙受的损失更为重大;用户量巨大的大型平台上侵权行为引起的损失通常相较小平台而言更为严重;等等。另一方面,随着算法技术发展下侵权内容过滤技术措施的不断发展,网络服务提供者采取解决特定问题的技术措施的成本通常是不断降低的。例如,针对视频复制和简单改变的情况,判断标准相对明确,当前已开展较多研究,如可以用于视频相似性检查的视频指纹技术在不断改进,2022 年在 SooPat 专利数据搜索引擎上已经可以检索到 940 件关于视频指纹识别的专利(中国 195 件),[3] 一些技术成果对噪声模糊、添加字幕、空间偏移、旋转、掉帧等均具有较好的鲁棒性,且有性能的提升。[4] 在北京冬奥会期间,腾讯、快手、抖音等平台纷纷建立了冬奥版权信息库并采取视频指纹识别等技术严格把关用户上传的冬奥赛事相关短视频。[5]

---

〔1〕 See Martin Husovec, *The Promises of Algorithmic Copyright Enforcement: Takedown or Staydown: Which Is Superior: And Why?*, Columbia Journal of Law & the Arts, Vol 42: 1, p. 64 – 65 (2018).

〔2〕 参见程啸:《侵权责任法》(第 3 版),法律出版社 2021 年版,第 490 页。

〔3〕 2022 年 9 月,笔者在 SooPat 专利数据搜索引擎就"Video Fingerprinting"(视频指纹识别)进行世界专利检索,共检索出 940 件专利,其中 195 件申请国为中国,505 件申请国为美国。

〔4〕 参见严聪、纪墨轩、纪庆革:《基于时空域信息融合的视频拷贝检测算法研究》,载《计算机科学》2016 年第 9 期。

〔5〕 参见雷紫雯、刘战伟:《从"技术盗猎"到"技术织网":奥运赛事版权保护的实践进路》,载《中国出版》2022 年第 9 期。

考虑到侵犯著作权的损害往往实际由权利人承担，欧盟的《版权指令》第 17 条试图通过让这部分相对于网络服务提供者外部性的成本内部化，以达到激励网络服务提供者加速降低预防侵权损害成本的目的。网络服务提供者可以积极获得著作权许可，或者采取先进的技术来预防侵权，由此可能降低社会上著作权许可的交易成本和整体技术应用成本。但这样的侵权责任制度设计未必在技术尚未达到一定成熟度时具有可行性。[1] 我国目前司法解释中对网络服务提供者注意义务界定采取多因素综合判断的方法，具体适用时需与当前的风险预防成本在算法等技术发展背景下的实际情况相吻合；同时，对于前述侵权可能性高、损失严重的情形，也应要求其采取更积极的预防措施。

（二）平台在预防侵权中的关键作用

平台经济古已有之，所谓平台本质上是一个空间场所，通过空间引导或促成多方之间的交易，实现收益最大化。[2] 无论多复杂的平台都是一个容纳多方群体的平台生态结构。网络服务提供者本质上也是这样一个平台，著作权人等权利人和网络用户都是平台上有不同利益诉求的主体，利用平台实现了作品的传播。无论是现实空间的场所还是网络空间的平台，平台的管理者都对平台中的活动承担着一定的义务。“开放性的网络平台与现实社会公共场所并无本质区别”，安全保障义务的适用对象也会从现实社会公共场所延伸到网络服务提供者等平台，[3] 我国《民法典》第 1198 条也规定了经营场所、公共场所的经营者、管理者在未尽到安全保障义务造成他人损害时的侵权责任。

---

〔1〕 See Mark A. Lemley, *Rationalizing Internet Safe Harbors*, Journal of Telecommunications and High Technology Law, Vol 6, p. 102 (2007).

〔2〕 参见徐晋：《平台经济学 · 平台竞争的理论与实践》，上海交通大学出版社 2007 年版，第 1 页。

〔3〕 参见马一德：《视频分享网站著作权间接侵权的过错认定》，载《现代法学》2018 年第 1 期。

在避风港规则中,著作权人等权利人是通知权人,网络用户是反通知权人,双方并不直接对阵,不发生直接关系,而网络服务提供者则处于双重义务人的法律地位,是双方利益的交汇方。[1] 设置这样的规则是因为网络服务提供者的重要地位,其处于互联网生态的关键位,掌握与控制着众多的数据流通的空间、通道与其他必要资源,是各类数据的实际控制者,而用户对其发布的信息则很难再掌握与控制。[2]

在“后避风港时代”,随着网络技术、组织与空间架构的发展,网络服务提供者对互联网空间的控制力得到进一步加强,大型网络平台承担的角色往往越发重要。无论是理论上还是实践中,网络服务提供者都成了网络空间治理的重要参与者,大型网络平台根据“守门人”(gatekeeper)理论,在“谁受益,谁负责”的原则与“以网管网”的策略下还被进一步强化网络空间治理的重要责任。[3] “守门人”理论最早由传播学者卢因(Kurt Lewin)在 1943 年提出,在新闻学中我国主要将其译为“把关人”,指“具有让某一东西进入或出去之决定权的个人或团体”。[4] 毋庸置疑网络服务提供者对于网络空间数据的传输与否具有很强的控制力,然而在该理论下,“守门人”守门的方式可以是多样化的,既可以采取审查制中前置与严格的守门方式,也可以采取如避风港规则下相对后置与自由的守门方式,“守门人”的责任仍须与其控制力和守门成本相匹配。美国《版权法》第 512 条(c)项要求网络服务提供者证明其“没有收到可直接归因于侵权活动的经济利益,而在这种情况

---

〔1〕 参见杨立新:《网络服务提供者在网络侵权避风港规则中的地位和义务》,载《福建师范大学学报(哲学社会科学版)》2020 年第 5 期。

〔2〕 参见张新宝:《互联网生态“守门人”个人信息保护特别义务设置研究》,载《比较法研究》2021 年第 3 期;杨立新:《网络服务提供者在网络侵权避风港规则中的地位和义务》,载《福建师范大学学报(哲学社会科学版)》2020 年第 5 期。

〔3〕 参见解志勇、修青华:《互联网治理视域中的平台责任研究》,载《国家行政学院学报》2017 年第 5 期。

〔4〕 黄旦:《“把关人”研究及其演变》,载《国际新闻界》1996 年第 4 期。

下网络服务提供者有权利和能力来控制这些行为”。[1] 即避风港原则也是对控制力与特定行为成本收益的综合考量。

大型互联网平台作为经营者除了参与市场竞争,在某种程度上也具备“管理者”的属性与功能。[2] 总的来说,考虑到部分大型网络服务提供者具有同“守门人”一样很强的控制力,相较于其他社会主体有更强的网络控制能力,能够以更为合理的经济成本管控风险的发生,令其负担起对保护著作权的管理义务是有一定法理基础的。

(三)侵权责任分配应立足体系性法治建构视角

侵权法的功能是随着历史的发展而有所不同的,在侵权法的不同历史阶段,某一功能会占据主导地位,而且,每一种功能的历史地位都解释了那个时代的某些社会经济与哲学发展的趋势。[3] 当代侵权法若仅仅聚焦传统的损害填补功能,面对社会风险的发生将是极其被动的,其需要不断延伸主动性,减少未来损害的发生,发挥其预防功能。[4] 如魏德士所言,“概念就像挂衣钩,不同的时代挂上由时代精神所设计的不同的‘时装’”。[5] 回答网络服务提供者的责任分配问题,必须站在体系性法律建构的视角上,在承继过往的基础上,面向当前时代法治建设的重点问题和时代精神,去建构符合特定时代发展情况的利益平衡状态。

当前,“网络空间不仅让人们的生活变得更便利,还从根本上改变了人们的生活”,[6] 信息获取与传输的方式在变得更加便利的同时,权

---

〔1〕 See 17 U. S. Code § 512 – Limitations on Liability Relating to Material Online.

〔2〕 参见陈兵:《互联网屏蔽行为的反不正当竞争法规制》,载《法学》2021 年第 6 期。

〔3〕 See B. S. Markesinis & Simon F. Deakin, *Tort Law*, Clarendon Press, 1999, p. 36.

〔4〕 参见何国强:《风险社会下侵权法的功能变迁与制度建构》,载《政治与法律》2019 年第 7 期。

〔5〕 [德]伯恩·魏德士:《法理学》,丁晓春、吴越译,法律出版社 2013 年版,第 77 页。

〔6〕 [美]劳伦斯·莱斯格:《代码 2.0》(修订版),李旭、沈伟伟译,清华大学出版社 2018 年版,第 91 页。

利人在网络空间中遭受侵权的风险也大大增加。面对互联网空间中的社会风险,侵权法中责任的设置实际上起到了对由人的行为引发的系统性社会风险主动对人的行为进行调控的作用。如果侵权法对网络服务提供者施加了相较于以往避风港规则下不同的注意义务,无论注意义务是更高还是更低,网络服务提供者都会相应地调整自身的商业行为,去更积极地采取行动至少来避免过高的赔偿责任,而这部分行动会影响社会风险的控制情况,也会影响特定产业的发展方向与进度。随着产业与技术发展后社会风险的改变与风险调控能力的转变,互联网空间中立法者对网络服务提供者责任的分配也需从"通知后"的责任分配的强调,转向对"通知前"责任分配,乃至侵权内容还未上传的初始状态下的责任分配的兼顾。

当然,侵权法相关功能的实现,必须顾及除权利人以外的其他社会主体的权益,顾及包括"侵权人"在内的其他社会主体承担侵权责任可能产生的消极社会后果。[1] 因此在给网络服务提供者施加责任时,也要考虑互联网产业发展的社会价值,考虑为其施加过严与过松责任所可能产生的不良社会后果,在兼顾各方利益与社会整体发展的情况下,实现侵权法在风险社会下的预防功能。正因如此,责任的分配不能仅依靠"填平原则"来解决,还需要站在功利主义的角度,从功利主义的视角下安排某种最优的责任承当方式下的风险预防措施。平台相较于权利人无论在控制力还是经济获益方面,都处于一种更加优势的地位,此时法律如果不通过调控来增加其相较于权利人而言的风险管控义务,明显有违风险社会的治理目标,以及治理手段的公平与合理性。

当前人类正处于一个算法泛在的时代,智能算法对人的行为的调节

---

〔1〕 参见郑晓剑:《侵权归责与"公平分担损失"——〈侵权责任法〉第 24 条之定位》,载《私法研究》2015 年第 2 期。

作用日益广泛与深远,[1]在为网络服务提供者等主体确定侵权责任时需从算法治理的体系性视角思考对包括算法服务提供者在内的网络主体的责任分配情况。自动识别等算法技术的发展提高了网络服务提供者对网络空间的控制能力,以油管公司使用的内容身份系统为例,其能以更低的成本管理内容的传播与交易,不仅可以大大减少侵权内容传播带来的风险,还能积极促进著作权人等权利人对作品商品化的使用,降低了许可的交易成本。[2] 鉴于算法技术发展对风险预防措施成本的调整,为发挥侵权法的预防功能,立法者有必要对网络服务提供者的注意义务的界定进行与时代相适应的调整。

三、算法治理体系性视角下对"数字向善"的要求

对算法的治理和通过算法的治理都是智能社会秩序建构中的重点问题。二者在很多场景下实则是一个硬币的两面,对算法进行治理往往同时实现了通过算法进行社会治理的目的。本书尤其关注如何通过合理界定网络服务提供者的注意义务来实现对算法推荐系统的治理。代码或算法并非价值中立的,其设计和应用都蕴含着特定的目标或价值取向。网络服务提供者对算法等数字技术的设计和使用应当遵从"数字向善"原则。这是在数字技术迅速发展和不断扩大应用场域的情况之下的必然要求,也为算法推荐服务提供者提出了超出"通知—删除"的注意义务。

(一)算法治理是智能社会治理的关键内容

智能社会是一个"算法泛在"并且算法对社会秩序形态发挥直接主

---

〔1〕 参见段伟文:《数据智能的算法权力及其边界校勘》,载《探索与争鸣》2018 年第 10 期。

〔2〕 See Perel, M., & Elkin-Koren, N, *Accountability in algorithmic copyright Enforcement*, Stanford Technology Law Review, Vol 19: 3, p. 512 (2016).

导作用的社会。[1] 在著作权领域就已经出现了大量与算法有关的法律与社会治理问题，包括算法通知、算法推荐、算法过滤等。[2] “代码即法律”“算法即规则”的命题，深刻揭示出代码或算法对人们的行为和权益均产生深刻的影响。可以说，“算法既是生产生活的重要组织者，又是社会秩序的重要建构者”。[3] 美国学者劳伦斯·莱斯格指出在网络法中要深刻理解代码和法律的互动关系。[4] 正如研究市场经济中的法律问题时要理解和尊重市场规律一样，数字法治的研究和实践要理解和尊重数字科技的发展规律，分析数字科技运用对社会主体的影响和对社会结构的塑造，理解不断发展的数字空间的结构和本质。尽管算法发展及其影响具有客观规律，但算法及其影响也是可以在符合客观规律的前提下经由主观能动性而被改造的。[5] 智能社会法治建设的一项重要内容即从多元共治的视角下，考虑法律、市场、社会规范以及代码的最佳规制手段组合，特别是通过对算法的治理实现对社会主体行为直接与间接的规制与引导，建构符合社会伦理要求的数字空间与智能社会。

在智能社会法律秩序的构建中，特别要重视数字正义如何实现的问题。本书所述数字正义可以从两个维度进行理解：一是社会正义原则在数字领域的体现，二是正义实现机制在数字领域的体现。[6] 从社会正义原则在数字领域的体现来看，有效保护著作权人的合法权利、激励作品的创作和传播等仍然是该领域社会关系调整中的重点内容。而数字领域的正义实现机制则离不开推进多元主体共治和多元治理手段的运

---

〔1〕 参见张文显：《构建智能社会的法律秩序》，载《东方法学》2020 年第 5 期。

〔2〕 参见李安：《智能时代版权“避风港”规则的危机与变革》，载《华中科技大学学报（社会科学版）》2021 年第 3 期。算法通知、算法过滤、算法推荐即利用算法技术识别与过滤著作权侵权内容，提供个性化内容推荐服务等。

〔3〕 马长山：《算法治理的正义尺度》，载《人民论坛·学术前沿》2022 年第 10 期。

〔4〕 参见［美］劳伦斯·莱斯格：《代码 2.0》（修订版），李旭、沈伟伟译，清华大学出版社 2018 年版，第 79～81 页。

〔5〕 参见张吉豫：《数字法理的基础概念与命题》，载《法制与社会发展》2022 年第 5 期。

〔6〕 参见张吉豫：《数字法理的基础概念与命题》，载《法制与社会发展》2022 年第 5 期。

用,特别是法律治理与技术治理的有机融合。在这其中,网络平台是不容忽视的关键要素。网络平台已日益成为社会生产生活中不可忽视的场域,其既是经济发展的新平台,也是社会组织的新平台,促进了信息流动和生产生活组织方式的变革,促成了信息成本和交易成本的大幅度降低,带来平台经济、共享经济等经济形式的兴起以及生产方式的深刻变化。[1] 网络平台中的算法运用,将在打破传统物理空间局限的更广阔的范围中产生影响。为在数字空间建构良好秩序、实现社会正义,有必要对网络平台中运用的算法进行科学合理的规制。为此,需要合理界定网络服务提供者的责任和义务,让技术的发展运用更加符合人类伦理与社会秩序。智能社会的法治建设需符合“数字正义”的法理要求,将科技向善或者更具体的“数字向善”作为一项基本原则,对技术中立原则进行超越与变革。

(二)突破“技术中立”,迈向“数字向善”原则

“技术中立”原则在不同语境下具有不同含义。一方面,技术中立原则指法律应当对具体使用的技术手段一视同仁,不应把对某一特定技术的理解作为法律规定的基础而歧视其他形式的技术;[2] 以及从立法技术角度,法律不应该狭窄地针对特定技术而制定。过去这在受数字技术影响较大的著作权领域及电子商务相关立法研究中引发了较多讨论,包括著作权立法中是否适合引入具体技术概念、对电子签名及其认证技术是否应作具体规定等。例如,2000 年《联合国国际贸易法委员会电子签名示范法》第 3 条规定了对签名技术的平等对待。[3] 在这一层面,技术中立仍然是重要的法律原则。

---

〔1〕 参见周汉华:《论互联网法》,载《中国法学》2015 年第 3 期。

〔2〕 参见薛虹:《电子商务立法研究》,载《环球法律评论》2001 年第 1 期。

〔3〕 该条规定,除第 5 条外,该法任何条款的适用概不排除、限制或剥夺满足第 6 条第 1 款所述要求或者符合适用法律要求的制作电子签名的任何方法的法律效力。

另一方面，“技术中立”常被用以反映希望限制技术产品或服务提供者的法律责任范围、鼓励科技发展运用的价值取向。[1] 具有免除与限制责任倾向的“技术中立”原则与索尼公司诉环球影城案(以下简称索尼案)中的“实质性非侵权用途”(substantial noninfringing use)规则密切相关。[2] 本案中环球影城试图禁止索尼公司销售其生产的一种录像机，理由是其助长了人们从广播电视中录制受版权保护的作品这一侵权行为，法院采纳了来自专利法的商业原则，认为版权人不能阻止那些虽然具有侵权用途，但也同时具有实质性的非侵权用途的技术的传播。[3] 索尼案之后，“实质性非侵权用途”抗辩的适用在美国也并非一帆风顺，在又一起涉及作品传播技术的米高梅工作室诉格罗克斯特公司案(以下简称米高梅工作室案)中，美国最高院在二审中认为这项技术已经在一段时间内被压倒性地用于侵权，侵权也是被告收入中压倒性的来源，最高院撤销了原第九巡回法院的意见，将案件发回进一步审理。[4] 显然在美国技术中立原则的适用不是无条件的，一方面法院需要考虑技术的使用情况，米高梅工作室案中一项主要用于“作恶”的技术无法以技术中立作为免责理由；另一方面法官对技术引起的与既有法律之间的摩擦，也表达了要求立法部门主动作为的需求。

随着算法在社会层面的广泛运用，责任分配意义上的“技术中立”原则被进一步挑战。首先，技术是用来解决特定问题的，是目的导向的产物。技术作为特定时空背景条件下的存在，具有特殊的超越自身“价值”的“使用价值”，[5] 从技术的社会属性认识技术时，技术具有自身的

---

[1] 参见张吉豫:《数字法理的基础概念与命题》，载《法制与社会发展》2022 年第 5 期。

[2] See Sony Corp. of Am. v. Universal City Studios, Inc., 464 U.S. 417 (1984).

[3] See Sony Corp. of Am. v. Universal City Studios, Inc., 464 U.S. 442 (1984).

[4] See Metro-Goldwyn-Mayer Studios Inc. v. Grokster, Ltd., 545 U.S. 913, 932 - 33 (2005).

[5] 陆江兵:《中立的技术及其在制度下的价值偏向》，载《科学技术与辩证法》2000 年第 5 期。文章论述了马克思主义下将经济学中的“价值”等同于“使用价值”的观点。

社会价值,对技术的使用就需要被界定合理的注意义务。算法技术的基础是对数学规律,以及相关客观规律的探寻和利用,但对具体算法技术方案的研发是有目标导向的。算法是为了解决特定的问题而设计的,对于问题本身的界定以及对算法评价指标的界定都会影响算法的设计,决定了算法最终的形态。在传统软件工程领域中,对算法的评价指标往往体现为运行速度、代码大小、功耗、能耗、稳健性、兼容性、可适应性等比较典型的技术评价,此时算法目标导向与社会价值的关联并不凸显。但对于被日益广泛运用在社会经济生活之中的各种算法或软件系统,其目标导向则与社会价值具有更突出的联系。目标设定同样可以分为“积极行为”和“消极行为”两个角度,即考虑一个算法系统目标设定的合理性时,不但要关注研发者主动设定的目标,还要关注其在有意或无意之间忽略的相关目标。例如,若算法推荐系统的目标被设定为“提高对用户偏好预测的准确性”,与目标被设定为“在保护著作权的基础上提高对用户偏好预测的准确性”相比,则其忽略了对著作权保护的考虑,这将引起评价指标的变化,对算法研发会产生实质性引导作用,将影响最终技术方案的具体形态。其次,技术是可以被不断改进和完善的,可以看到算法推荐系统本身也正基于社会伦理和法律要求而进行着改进。在实践中,我们已经看到不同的社会价值目标逐渐被算法研发者所关注和吸收,推动着算法推荐系统的不断向善发展。例如,“今日头条”面向社会提出的算法推荐可能加剧信息“茧房”等问题,加强了对内容生态和社会责任的考量,通过将重要新闻置顶及加权、多途径加强与用户的交互、特型内容频控等方式,逐步将新闻伦理价值和法律规范要求融入算法设计。[1] “麻省理工学院技术评论”(MIT Technology Review)将TikTok 的推荐算法评选为“2021 年度十大突破性技术”,认为其不是更

〔1〕 参见张吉豫:《构建多元共治的算法治理体系》,载《法律科学(西北政法大学学报)》2022 年第 1 期。

倾向于突出具有大众吸引力的内容，而是能够帮助新的创作者迅速获得大量观看，并且可以帮助用户发现其可能感兴趣的众多内容。[1] 这也充分体现了算法设计时的价值考量和目标导向对于算法及其社会效果的切实影响。

由此，我们应将“数字向善”作为当前算法推荐服务提供者责任判定的一项基本原则，在认识论上明确算法对社会价值的影响以及算法的可规范性、可发展性，在方法论上研究能够科学合理推进算法向善发展的有效治理路径，使法律能够对数字科技的向善发展产生积极影响。数字向善原则并非全盘否定技术中立，而是否定那种仅仅基于所用技术存在积极意义、缺陷无法避免的理由，就妄图规避合理注意义务的行为。

（三）“数字向善”原则对合理界定注意义务的要求

平台上大量的作品是网络服务提供者产生收益的重要原因，从公平正义的角度看来，其对于创作者也应当具有善意，不能忽略技术的社会价值，更不能以技术中立为由免除自身的注意义务。在韩某诉百度案[2]中，法院认为“作为依靠数以千万计的他人作品实现自身商业经营的百度公司，应当对维护他人著作权抱有善意”；“对因显而易见的因素应当知道的侵权文档，百度公司除了履行针对一般侵权文档的注意义务外，还需充分发挥主动性履行更高的注意义务……这种更高的注意义务要求百度公司应更加注重百度文库经营管理规范化的问题，从而切实保护著作权人权利。”[3]字节跳动案中，法官认为，“因为存在获取更多

[1] See *10 Breakthrough Technologies 2021*, MIT Technology Review (Feb. 24, 2021), https://www.technologyreview.com/2021/02/24/1014369/10-breakthrough-technologies-2021/.

[2] 参见韩某诉北京百度网讯科技有限公司侵犯著作权纠纷案，北京市海淀区人民法院(2012)海民初字第5558号民事判决书。

[3] 参见韩某诉北京百度网讯科技有限公司侵犯著作权纠纷案，北京市海淀区人民法院(2012)海民初字第5558号民事判决书。

优势、利益与带来更大侵权风险并存的上述情况，字节公司与不采用算法推荐、仅提供信息存储空间服务的其他经营者相比，理应对用户的侵权行为负有更高的注意义务。”[1]

“数字向善”原则对算法推进服务提供者规定了超过“通知—删除”之外的注意义务，主要包括如下原因：

首先，数字科技应向善发展已成为普遍的共识，有必要推进数字科技在各领域的向善发展。如前文所述，数字科技在社会层面的广泛运用可能对人们权益产生重大影响，且数字科技本身尚在快速发展之中，具有很强的可塑性。“数字向善”原则强调社会相关主体在数字技术发展运用之中，要尊重社会伦理、尊重公民权利，在技术和经济可行范围内积极预防损害的发生，不断推进数字技术的向善发展。在著作权领域也是如此。当然，预防侵权并不是最终的目标。激励网络服务提供者积极获得著作权许可或搭建用户获得许可并支付许可费的渠道，可以有效降低交易成本，为著作权人提供更丰富的收入来源，为作品的流通利用提供便利，是人们更希望通过著作权法来实现的目的。在过去也看到了很多平台与权利人之间许可协议的达成。然而在过往的实践中也可以看到，至少就目前而言，许可并非总容易达成的，特别是在影视剧作品、热点体育赛事节目热播期间等权利人获得盈利的黄金窗口期，此间短视频等类型的平台基于其盈利机制由作品片段所创造的获益与著作权人潜在的市场损失有可能无法相称，因而其愿意支付的许可费与权利人所希望获得的许可费可能难以达成一致。在目前阶段，更为可行的是对于热映期之外的作品尽量达成许可协议，而对于热播期间的成本较高的影视剧等作品，有效预防侵权的数字科技的研发仍然是加强著作权保护的重要途径。

其次，要求网络平台采取合理的预防侵犯著作权的措施，是相关技

---

〔1〕 参见北京市海淀区人民法院民事判决书，(2018)京0108民初49421号。

术研发的重要动力来源。当前在增强算法推荐精准性方面的研发投入与检测及预防侵权技术研发之间存在着明显的不对称性。在缺少法律规范的情况下,许多企业缺乏对检测及预防侵权技术的研发和应用动力,网络服务提供者与著作权人之间关于保护著作权的自愿合作存在交易成本障碍。[1] 而在当前产学研用相结合的创新结构中,产业界的需求和合作情况也会对高校等科研院所的一些偏应用领域的研究选题产生影响。检测及预防侵权领域创新应用的市场主体主要有两类:一是网络平台自身,二是独立于网络平台的侵权检测机构。但如果仅由侵权检测机构提供研发动力来源,有一些明显的局限性:其一,这些机构相对网络平台而言,通常体量较小,提供的需求不足;其二,侵权检测机构的模式通常是基于在网络上爬取的内容来检测疑似侵权内容,并根据权利人的要求可自动向平台发送通知,这使对于相关内容的处理往往发生在侵权内容在网络上传播的若干日后,对热映影视作品等不能在第一时间进行预防或制止;其三,基于视频内容或结合相关文字进行侵权检测仅是可以应用的方法之一,如果是由平台在完整的推荐系统中进行预防侵权的设计,相关方案可具有更广阔的设计空间,可以更好地推动符合伦理和法律要求的技术研发,并节约社会成本。

最后,在私法领域有必要将是否采取合理的预防侵权措施作为界定注意义务的一项重点考量因素。我国公法领域已经出台了针对算法推荐的《互联网信息服务算法推荐管理规定》,其中规定了算法推荐服务提供者应当定期审核、评估、验证算法机制机理等,建立健全用于识别违法和不良信息的特征库,加强用户模型和用户标签管理,加强算法推荐服务版面页面生态管理等。相关规定可以为私法领域的司法实践所参考。但政府部门的监管不能完全替代私法领域的侵权责任。在风险治理领域,一直都存在侵权法和政府规制两条进路。侵权法进路能够支持

---

〔1〕 参见崔国斌:《论网络服务商版权内容过滤义务》,载《中国法学》2017 年第 2 期。

每一位公民维护自己的权利，更多地关注于个案，通过双方的对抗获得个案更全面的信息，使司法作出合理的精细化裁定，具有政府规制进路无法替代的功能。[1] 通过公民维权来促使网络服务提供者提高注意程度，也是算法多元共治的有机组成部分。[2]

四、当前算法推荐服务提供者的注意义务

《信息网络传播权司法解释》第 9 条采用多因素系统判定法的立法方式对判断网络服务提供者是否构成“应知”的参考因素进行了规定。具化到当前具体的算法推荐场景中，开展算法推荐服务的网络服务提供者是否构成应知，可以从推荐算法设计中的注意义务、内容事前审查的范围及合理的注意义务等角度进行考虑，同时构建起保护网络用户利益的程序性保障措施。

（一）算法设计中的注意义务

算法具有“价值负载性”，一方面在算法中会预设某种价值立场，另一方面算法的运行结果具有社会效应。[3] 由于算法执行具有直接的社会效果，研究者们提出，算法在设计之初就应将基本的价值判断纳入其中，“让伦理与技术并列成为算法设计的组成部分，实现算法设计伦理化”。[4] 尽管机器学习特别是基于深度神经网络的深度学习算法的设计开发者也往往无法完全理解和直接控制学习后的模型算法，但这不

---

〔1〕 参见张吉豫：《人工智能良性创新发展的法制构建思考》，载《中国法律评论》2018 年第 2 期。

〔2〕 参见张吉豫：《构建多元共治的算法治理体系》，载《法律科学（西北政法大学学报）》2022 年第 1 期。

〔3〕 参见张卫：《算法中的道德物化及问题反思》，载《大连理工大学学报（社会科学版）》2020 年第 1 期。

〔4〕 赵一丁、陈亮：《算法权力异化及法律规制》，载《云南社会科学》2021 年第 5 期。

能构成人类让渡出自主性或放弃对算法进行价值取向预设的理由。在推荐系统设计中应该秉持数字向善原则,将保护著作权作为一项考虑要素。

在民事侵权诉讼中针对推荐系统设计中可能存在的问题的证明,法院仍应采取高度盖然性的证明标准,[1]如果有高度盖然性的证据显示在推荐系统中存在比较明显的、业内普通应知应当采取的措施而没有采取,或是应该避免的设计而没有避免,法院应当认定算法的设计具有问题,判断网络服务提供者在算法设计中有过错。此外,鉴于著作权人举证的困难性,可在著作权人尽到了初步举证责任之后,将举证责任转移。在软件著作权、专利权侵权诉讼过程中,也通常采取类似的方式。

我国《互联网信息服务算法推荐管理规定》中规定了算法推荐服务提供者的定期评估等义务;同时,对于具有舆论属性或者社会动员能力的算法推荐服务提供者,规定其应开展算法自评估并进行备案。算法推荐服务提供者的备案、自评估情况可以作为证据提交。《互联网信息服务算法推荐管理规定》中规定的平台义务内容,可以作为民事领域平台注意义务的考量要素。例如,一些平台在自动打标签之外也往往会在标签体系上进行一些设计,一些标签系统实际上包含了如影视作品等分类,也理应对识别为影视作品分类的内容采取一定的初步审查措施,如对于连续发布系列短视频播放或详细介绍正在热映的影视剧作品的情况,按照常理可推知其难以获得许可,应建立识别机制并进行审查。再如,推荐系统应在推荐系统中建立必要的事前审查机制,设置相关算法和流程,以对需要事先过滤的内容采取必要措施。

---

〔1〕《最高人民法院关于适用〈中华人民共和国民事诉讼法〉的解释》(法释〔2022〕11号)第108条第1款规定:“对负有举证证明责任的当事人提供的证据,人民法院经审查并结合相关事实,确信待证事实的存在具有高度可能性的,应当认定该事实存在。”

算法推荐服务提供者可以基于备案等信息举证自己的推荐系统在设计上对著作权采取的保护措施；如果能够证明其每年持续进行了保护著作权的有效改进，可以作为免除责任的重点考虑因素。通过这样的制度安排，激励算法推进服务提供者加强对著作权保护技术的研发和应用。

当前行业中还缺乏相应最佳实践的总结或标准的建设。国家应鼓励行业组织通过定期发布正面及负面清单为算法设计的规范提供指引，在行业技术发展水平的视角上进一步明晰网络平台在算法设计中应当采取的措施，降低算法设计中潜在的各类风险，为网络服务提供者在算法设计中的注意义务给出符合行业发展的指引。

(二)侵权内容事前审查的范围及合理的注意义务程度

算法推荐系统是个包括核心推荐算法在内的可扩展的系统。在字节跳动案中法院指出，即使通过算法推荐识别短视频具体内容不具有技术可行性，但对于允许哪些短视频进入算法推荐的范围，字节公司仍可以通过在其服务和运营的相应环节中施以必要的注意、采取必要的措施加以完善。[1] 从技术可行性与技术成本看，网络服务提供者并不能完全免除对用户上传内容的审查义务，从行业技术发展水平和平台对著作权人的善意要求来看，其也应承担起适当的风险管理职责。

权利人的通知、预警函、国家版权局发布的重点保护作品清单是认定“应知”的重要因素。在著作权领域，也要维护权利人的意思自治，把放弃财产权作为选项，正是任何财产制度的一个核心特征，许多潜在的知识产权的所有人放弃他们尚未成熟的权利主张，以支持共享性、协作

〔1〕 参见北京市海淀区人民法院民事判决书，(2018)京0108民初49421号。

式的参与。[1] 知识共享组织即基于这一观察提供了一套免费许可的机制。[2] 因此,过度的事前审查并不一定符合权利人的意愿,不一定利于权利人利益的实现,且可能抑制作品的传播和利用。

《信息网络传播权司法解释》给出了判断"应知"的重点考量要素。这些要素的具体考量可以简要地通过汉德公式来展开,即基于作品类型、平台情况、当前行业技术发展情况等,考虑损害的程度、损害发生的概率以及预防措施的成本。如本章第二部分内容中所述,对于损害较大、损害概率发生较高的情况,采取更高成本的预防措施可能是有效率的。损害的大小、损害发生的概率与作品的属性、作者的情况、作品的典型收益曲线、作品市场流通状况、平台规模及商业模式等要素密切相关。网络服务提供者的系统中每天上传和存储的信息是海量的,但是针对符合某些条件的作品却应当具有相较于其他内容更高的注意义务,包括热播影视作品和体育赛事节目、知名作者所创作的作品等。这部分内容本身成本非常高,吸引的流量或者说传播的范围又非常广,且容易发生反复侵权,给权利人带来重大的损失。其中特别是处于热播期的影视作品、热门体育赛事节目,其时效性较强,在著作权人获利的黄金期内如果不能有效防止侵权,往往将给其带来极大的损失,且著作权人难以采取有效预防措施,网络平台应根据技术发展情况,在技术和经济可行范围内积极采取预防侵权的措施,进行事先审查。在另一起涉及算法推荐服务的爱奇艺公司诉北京某科技公司侵害作品信息网络传播权纠纷案[3]

---

[1] 参见[美]罗伯特·P. 莫杰思:《知识产权正当性解释》,金海军、史兆欢、寇海侠译,商务印书馆2019年版,第429页。

[2] 关于知识共享组织的具体情况,参见知识共享组织官网,https://creativecommons.org/,2022年9月15日访问。参见张吉豫:《智能社会法律的算法实施及其规制的法理基础——以著作权领域在线内容分享平台的自动侵权检测为例》,载《法制与社会发展》2019年第6期。

[3] 北京爱奇艺科技有限公司诉中国联合网络通信有限公司无锡市分公司等侵害作品信息网络传播权纠纷案,江苏省无锡市滨湖区人民法院(2021)苏0211民初8222号民事判决书;江苏省高级人民法院(2022)苏02民终4040号民事判决书。

中,一审法院认为“并非处于热播期的影视剧才算‘热播影视作品’”。法院认为网络服务提供者针对具有流量的知名作品和行政部门公布的重点保护作品应承担起更高的注意义务,进行事前审查并采取必要措施阻止盗版的泛滥。当然,本书认为,基于前述理由,平台对于热播期的影视剧应具有更高的注意义务。

知名作家的热门文学作品也往往是侵权的“重灾区”,尽管其在盈利窗口期方面没有影视作品那样突出,但对于没有转换为影视等其他形态的作品而言,网络平台中的用户付费仍然是其主要收入来源。考虑文字作品的侵权检测成本也相对较低,对于接收到有效通知和预警函等要求制止或预防侵权信息的平台,应当积极采取事先审查措施。版权局等国家机关曾开展“剑网 2016”专项行动整治网络文学领域的盗版行为。《国家版权局办公厅关于加强网络文学作品版权管理的通知》第 11 条要求国家版权局建立网络文学作品版权监管“黑白名单制度”,帮助平台明确应重点审查的对象;同时规定“提供以文学作品或者作者命名的贴吧、论坛等服务的网络服务商,应当责成吧主、版主等确认用户提供的文学作品系权利人本人提供,或者已经取得权利人许可”,这也是基于服务类型和涉及的审查范围,而采取合理成本的预防措施的一种形式。

访问量较小、成本较低、时效性也不强的作品,引发的侵权损害较小、侵权概率不高,实施较高成本的预防措施将可能是缺少效率的。从损害预防的角度来看权利人更有动力去发现侵权行为。此时可主要基于“通知—删除”规则来使平台与著作权人协作保护著作权,不要求平台进行事先审查。当然,这不应成为界定具体注意义务的机械性结论,而是应结合行业技术发展情况进行动态的判断。

网络服务提供者的规模和行业技术发展水平也是决定预防成本与损害期望之间比较结果的重要因素。一方面,注意义务与平台规模相关。对于大型网络服务提供者,尤其是用户数量巨大的互联网平台,其对权利人和网络用户的权益造成影响的概率巨大,带来的损害也是巨大的。令大型平台具有更高注意义务并不是直接由其技术能力决定的，其关键在于大型平台带来的损害更大、损害发生概率更高，且由于大型平台通常本身就已经具有更高的技术能力和信息管理能力，其采取预防措施的成本也可能是相对较低的。另一方面，对于网络服务提供者而言，其所应承担的基本注意义务必然与整个行业的技术发展水平相关，当整个行业的技术水平提升时，如随着预防措施越发先进成熟，成本也相应降低时，整个行业的注意义务也会随之增高。值得澄清的是，这里并非认为技术水平越高的网络服务提供者就要承担越高的注意义务。对网络服务提供者所应承担的注意义务应与行业类似规模的企业应当知道的技术措施、标准和已发布的行业最佳实践相结合进行判定。

判断侵权的尺度也可以放在汉德公式下进行考量。例如，大段侵权内容的完整复制、视频切条传播等行为对著作权人的合法权益往往影响较大，且侵权判断相对容易，在当前技术条件下，将网络平台的事前审查设置为针对此类内容进行可能是有效率的。相反，对作品的评论、重混等行为，一方面，即使暂且不考虑其是否构成合理使用，这类内容也往往不构成作品的替代，对著作权人的利益影响不显著，在一些情况下还可能增加作品的知名度、带来更多收益，因而未必造成明确的利益损害；[1]另一方面，进行侵权检测的成本在当前条件下也将得到极大提升，而且有更高的概率带来对应当构成合理使用的行为的误判，带来对作品合理使用价值以及对用户利益的影响，也可能产生较大的纠正成本。因此，在缺少证明的情况下，当前对于此类情况不宜要求平台进行事前审查和过滤。

我国《个人信息保护法》第58条对提供重要互联网平台服务、用户数量巨大、业务类型复杂的个人信息处理者要求其履行“定期发布个人

---

〔1〕 参见[美]理查德. 波斯纳:《法律的经济分析》(第7版)(中文第2版),蒋兆康译,法律出版社2012年版,第57~58页。

信息保护社会责任报告,接受社会监督”的义务。社会责任报告作为一种对互联网平台的监督手段,除了可以让社会知晓其为社会正义所作的努力,还能反映其对互联网空间的控制能力与知晓情况,可以从中推断出发布者应当具备的注意义务。在技术仍在飞速发展的今天,站在多元共治的视角下,掌握更多技术能力的网络服务提供者应当积极将技术作为一种手段纳入社会治理,我国未必要像欧盟一样设置针对网络巨头的责任规则,但可以推动相应企业在定期发布的社会责任报告中加入对著作权保护情况的说明,并接受社会监督。在司法中可将企业在保护著作权方面采取的措施和相关努力成果与侵权责任认定及豁免相连接,综合判断企业是否尽到了注意义务。

(三)用户利益的保障措施

算法与人工审查一样,都可能产生误差,例如油管公司的内容识别系统将数以千计的合法视频错误地标记为侵犯版权的作品,[1]版权算法过滤技术的使用确实可能会损害“合理使用”等著作权限制制度。算法或许可以识别两件作品的相似性,但对于作品是否在公共领域,作品的使用目的是否关乎合理使用等,在识别上仍有一定难度。[2] 因此,在算法技术发展到能准确区分盗版作品与对作品的合理使用之前,需要发展程序性保障措施让公众可以及时申诉,维护自身合法权益。[3] 如果不能发展出完善的纠错机制,赋予一般用户质疑的能力,算法执行将对

---

〔1〕 See Laura Zapata-Kim, *Should YouTube's Content ID Be Liable for Misrepresentation under the Digital Millennium Copyright Act*, Boston College Law Review, Vol 57:5, p. 1863 – 1864 (2016).

〔2〕 See Toni Lester & Dessislava Pachamanova, *The Dilemma of False Positives: Making Content ID Algorithms More Conducive to Fostering Innovative Fair Use in Media Creation*, UCLA Entertainment Law Review, Vol 24:1, p. 67 (2017).

〔3〕 See Martin Senftleben, *Institutionalized Algorithmic Enforcement-The Pros and Cons of the EU Approach to UGC Platform Liability*, FIU Law Review, Vol 14:2, p. 325 – 326 (2020).

网络用户的利益产生巨大的损害。

对用户权益的保障机制重点包括三个方面:(1)网络服务提供者应向因侵犯著作权而被过滤或删除上传内容的用户发送包含侵权情况说明的有效通知;(2)网络服务提供者应为用户建立快捷高效的申诉处理流程;(3)明确用户在收到侵犯著作权通知后可以提起确认不侵权之诉,并规定用户提交认定不侵权的诉讼判决并要求平台恢复仅因著作权侵权之由过滤或删除的内容时,平台应予以恢复。

我国《互联网信息服务算法推荐管理规定》第 22 条也有同样的规定,即"算法推荐服务提供者应当设置便捷有效的用户申诉和公众投诉、举报入口,明确处理流程和反馈时限,及时受理、处理并反馈处理结果"。同样的,欧盟《版权指令》第 17 条第 9 款要求为认为自己上传内容被错误过滤的用户提供投诉与救济机制,且必须有效和快速。即网络平台作为起诉前争端的实质性解决方应提供一个尽可能简单快速的解决机制,允许网络用户通过简单的操作对不合理的信息封锁并发起投诉。有学者建议针对内容的过滤应自动弹出一个标准化的投诉菜单栏,用户可简单选择与填写其认为过滤不合理的理由。[1] 未来法律应进一步明确网络用户对这部分的请求权,兼顾好包括网络服务提供者、权利人、网络用户三方的利益。

五、小结

随着算法在社会上的广泛应用,如何在算法发展中科学合理地进行规制,使其可以更好地朝向符合社会伦理道德、保护公民权利的方向发展,是当前时代的一个重要问题。算法推荐服务提供者不能简单以"技

---

〔1〕 See João Pedro Quintais, Giancarlo Frosio, Stef van Gompel, et al., *Safeguarding User Freedoms in Implementing Article 17 of the Copyright in the Digital Single Market Directive: Recommendations from European Academics* (11 November 2019), p. 5.

术中立”为由免除侵权责任。当代侵权法具有预防功能。侵权责任的分配不仅是对损害的填补，更有着对风险控制与预防的价值，是风险控制、算法治理机制的重要组成部分。在我国算法治理的体系性视角下，在著作权领域帮助侵权认定中，也应该以“数字向善”为原则来合理界定算法推荐服务提供者的注意义务，考虑其在推荐系统设计及运行中是否对著作权的影响进行了积极考虑，并在技术和经济可行范围内是否采取了合理措施以预防损害的发生。网络平台中的技术运用是算法研发和改进的重要动力来源之一。合理注意义务的界定将立足于行业技术实际情况，不断推进数字技术的向善发展，为社会迈向数字文明新时代提供制度供给和技术支撑。

后　记

本书尽管进入了尾声，然而人工智能技术还在日新月异地飞速发展。人工智能大模型、生成式人工智能、人工智能体、具身智能、群体智能……许多维度的技术都在发展。我们目前更像是站在智能时代的入口，面前有广阔丰富的风景正逐渐展开，等待着我们去探索。而这智能时代的社会样态，不仅由技术刻画，也由法治勾勒。

知识产权制度与创新息息相关。人工智能发展带来的知识产权问题层出不穷，有的是法律的自然适用就可以解决的，有的则引起人们对核心概念、核心理论和核心规则的深刻反思。而知识产权制度上的相关抉择，也必将在不同程度上影响技术和商业模式的发展速度或具体样态，令人不得不审慎对待。对于既有问题，本书仍有诸多未竟之处，而新的实践和新的问题又一项项出现。这既保障了未来研究生涯中有丰富有趣的问题，又令人不免时而"悲晨曦之易夕，感人生之长勤"。

研究过程中我得到了很多鼓励和支持。感谢许多我敬佩的师长与同仁，您们对学术的热情一直勉励着我。感谢我的家人一直以来对我的爱和包容。在本书成书过程中还要感谢汪赛飞、袁鹏飞、李昕梦、姜婧莹、田雨阳等同学的研究协助。

在整理文稿的过程中，时常回忆起刘春田老师对"创造"概念的辨析，对于要以"符合自然法则、符合经济规律、符合人性和符合逻辑"四项标准对命题和理论进行检验的谆谆教诲。在刘老师辞世近两周年之际，谨以此前撰写的《怀念刘春田老师》一文代作后记，既望能略托对先生之悼念，亦为对自己在学术道路上前行之激励。

我初见刘春田老师，是在人大知识产权法博士生的课堂上。2011年秋天，我来到中国人民大学法学院，跟随郭禾老师做知识产权法方向的博士后。我对人大的一切都很好奇，对知识产权法教研室的先生们满怀敬意，于是开心地找来课程表，开始蹭课。我非常有幸地和几位年轻的博士研究生们一起，在知识产权法专业博士生的课堂上聆听过刘老师的教导。回想起刘老师授课的情景，老师的音容笑貌历历在目，老师的教诲也深深地印在我的脑海里，一直指导着此后我这些年的工作和生活。

让人至今记忆犹新的是，刘老师在第一节课就郑重地教导我们，要格外重视概念。一个学科、一门学问，最核心的内容，就在它的基本概念之中。刘老师用了好几节课的时间，和同学们一起对“劳动”与“创造”、“无形”与“无体”、“客体”与“对象”等基本概念进行辨析、思考，叮嘱我们要多钻研基础理论，强调这是做学问的根本。我回忆起来，时常感到自己很幸运。正是这样的对概念的认真思辨和对基础理论的热切研讨，让自己在初到人大之时就体会到知识产权法学领域思维和学问的乐趣。我想这是自己从事学术工作的一个重要原因。我时常感念，人大知识产权教研室是个做学问的好地方。从刘老师到教研室的各位老师们，都不疾不徐，跟随着自然的研究节奏和步伐，在知识产权基础理论的沃土中深耕细作。尽管自己无所建树，但在平日的思辨和研讨中仍然不时能感到收获的愉悦。细细想来，这也是深受了刘老师的教诲与影响，但如今也只能“痛心曾受业”了。

刘老师强调基础理论研究，但绝非不关心科技和社会的发展。相反，他会对技术的发展投以深刻的理论分析视角。2018年，我们举办未来法治高峰论坛。我满怀忐忑地去邀请刘老师做主旨演讲，特别感激刘老师立刻欣然同意，并很快发给了我他的演讲题目：《互联网与法律的变迁》。刘老师说:这一题目换一个说法就是观察技术的进步,思考法律和社会的变迁。在这个物质世界当中,人能提供给这个世界的唯一的东西就是技术。实际上任何时代都是由技术来支撑的,技术进步所带来的这种变化也就是社会的变化。机器技术代替的是人的劳动。体力劳动和脑力劳动都是劳动,它们之间的区别就是技术含量的高低。今天人工智能开始挑战我们的头脑,它代替的不是体力,不是劳动,而是人的脑,从身外的行为开始替代人的创作性思维。我们做法律研究的,要研究从代替行为到代替思维,这个关系发生了什么样的变化?法学、经济学等学科对此应该做出什么样的回应?这不是雕虫小技,这才是改天换地的发明,是对我们的生活,对我们的生命一种颠覆性的发明。我在聆听刘老师这些思想时也非常激动,老师从自己对"劳动"与"创造"的概念辨析及基础理论研究的角度,去剖析了技术发展中应当引起研究的重要问题。这正是刘老师向学生展示的基础理论研究之意义的一个掠影。

真正的教育是触及灵魂的。它不会局限于某个学科的知识和传授方法。刘老师时常强调,无论是治学还是为人,都要追求真理,实事求是。不唯上,不唯书,只唯实。在研究中,要以符合自然法则、符合经济规律、符合人性和符合逻辑四个标准,对命题、理论进行检验。刘老师说,大学教育的任务,就是让我们学会运用自己的知识和能力,面对实践,首先去除遮蔽,找到事物的"真";继而凭借科学的概念和缜密的逻辑思维,分析事物,严密推理,从而找到合乎理性的答案,而非人云亦云。

初见刘老师时,对老师的印象是高挑挺拔、仙风道骨、超然世外;但时间越久,越能看到刘老师对中国知识产权事业的全心投入,对中外知识产权法治交流的身体力行。李琛老师说刘老师是"道风儒骨"。我深感这是再恰当不过的描述。自来到人大知产教研室,就亲见了刘老师组织的数不清的国内国外的各种交流活动。2012 年,在人大如论讲堂举办了中美知识产权司法审判研讨会。与会人员达到 1000 多人,美国方面,仅联邦巡回上诉法院就有 8 位法官与会,还包括美国专利商标局等部门的负责人、200 多名美国律师和企业代表。这次会议至今仍是中美知识产权交流活动的一个高峰、一段佳话。2015 年,刘春田老师带队去美国联邦巡回上诉法院、德国杜塞尔多夫法院等机构进行访问和调研。行程安排得非常紧凑,在每个地方最多停留一晚,就拎着行李箱奔赴下一站。我作为年轻人都感到有些辛苦,但刘老师每天都以饱满的精神积极地交流。刘老师常说,越是国际形势紧张的时期,学术界越要承担起加强沟通交流的使命。他的国际化视野、格局和为中外知识产权交流所做的工作和贡献是我难以企及的。

刘老师说,“即使有满天星斗,照样是漆黑一夜,只要有一轮红日就足以照亮全球。在科学问题上,学者的任务是给人太阳的光辉,不是给人月亮和星星。”我时常感动于刘老师身上充满的使命感和骏健的精神。无论多难的事情,只要是对的、是对知识产权事业有益的,只管去做。“千磨万击还坚劲,任尔东西南北风。”刘老师曾讲起陶行知先生,谈到人生为一大事而来,做一大事而去。我想,中国知识产权事业之于刘老师,都不能简单用热爱来描述,而是生命本身。刘老师是在到美国进行一系列知识产权交流工作时突然辞世的。大家都无比震惊和悲恸,一直精力饱满的刘老师怎么会这么早就突然离开?或许,我们内心深处其实可能都知道,刘老师一定会一直为知识产权事业奋斗,直到生命的终点;但是我们都未曾设想过那一天竟会真的来临,竟会这么早来临。

在刘老师的追思会之前,我也写了一副挽联:怀仁怀朴,但捧一颗心来,换作书山万仞春,春日有暖阳照尽三千桃李。惟真惟实,不带半根草去,留得学海千顷田,田间待活水续添几多墨痕。然而,先生之风,山高水长;书不尽言,言不尽意。学生对老师的敬意和感恩,又怎么是文字所能够表达的呢?